Thé

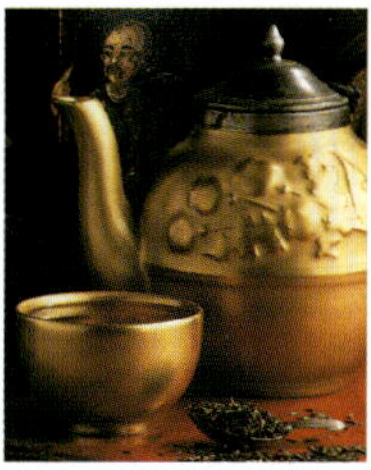

Kitti Cha Sangmanee
Catherine Donzel
Stéphane Melchior-Durand
Alain Stella

MARIAGE FRÈRES
Maison de Thé à Paris
depuis 1854

Flammarion

LES QUESTIONS QUE L'ON SE POSE

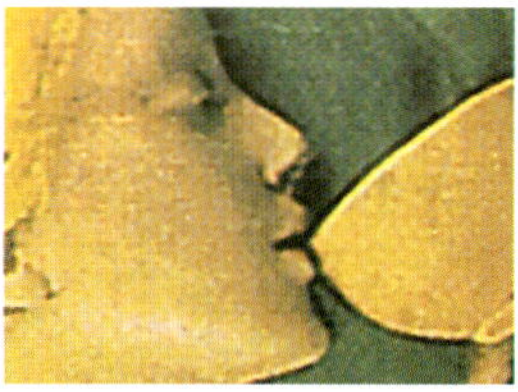

Un peu d'eau chaude, un sachet en papier à laisser infuser dans la théière ou à même la tasse… et l'on croit boire du thé. Les vrais amateurs crieront au sacrilège ! De quel thé s'agit-il ? Comment le préparer dans les règles de l'art ?

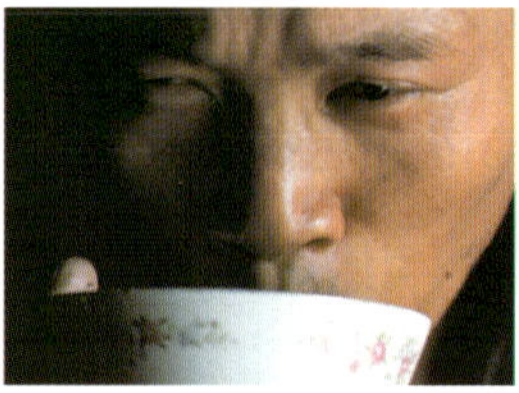

Depuis quelques siècles, la consommation du thé s'est répandue dans le monde entier. Sa production est de plus en plus industrialisée. L'art du thé s'accommode-t-il de cette modernité ? Le goût du thé a-t-il évolué ?

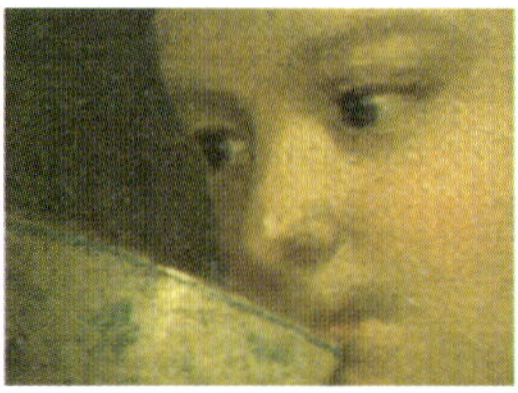

De la Chine à l'Angleterre, de l'Inde à la Méditerranée, de la Russie au Kenya, l'heure du thé n'est pas la même pour tous. Riche de ses traditions, convivial par nature, l'art du thé n'est-il pas un pont tendu entre toutes les cultures ?

COMMENT L'ABC*daire* Y RÉPOND…

Le guide de l'abécédaire p. 6

Il permet de comprendre et d'apprendre l'art du thé en regroupant les notices de l'abécédaire selon trois perspectives à l'usage de l'amateur ou du néophyte.

■ Les variétés :
les grandes origines,
les classifications,
les créations.

■ La pratique :
la fabrication,
l'heure du thé,
la dégustation.

■ L'histoire :
le cadre historique,
le contexte économique,
l'aventure humaine.

À l'aide de la lecture de ces notices, et grâce aux renvois signalés par les astérisques, le lecteur voyage comme il lui plaît dans l'abécédaire.

L'abécédaire p. 29

Par ordre alphabétique, on trouvera dans ces notices tout ce qu'il faut savoir pour pénétrer l'univers du thé. L'information est complétée par les éclairages suivants :
- des commentaires détaillés sur les principales variétés de thé ;
- des encadrés qui insistent sur des notions essentielles.

Le Thé raconté p. 11

En tête de l'ouvrage, une synthèse reprend l'articulation du guide de l'abécédaire en développant chacun de ses thèmes.

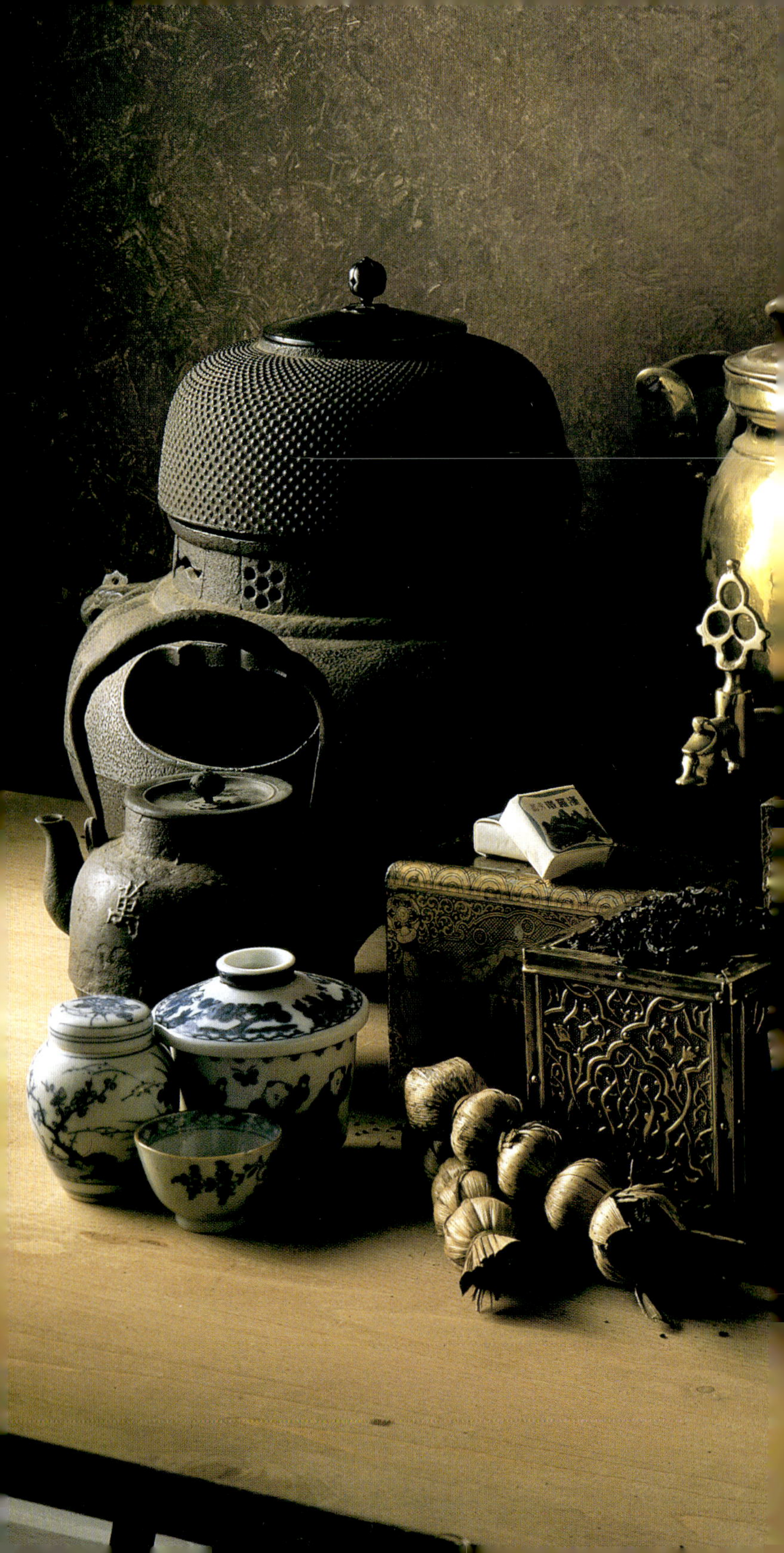

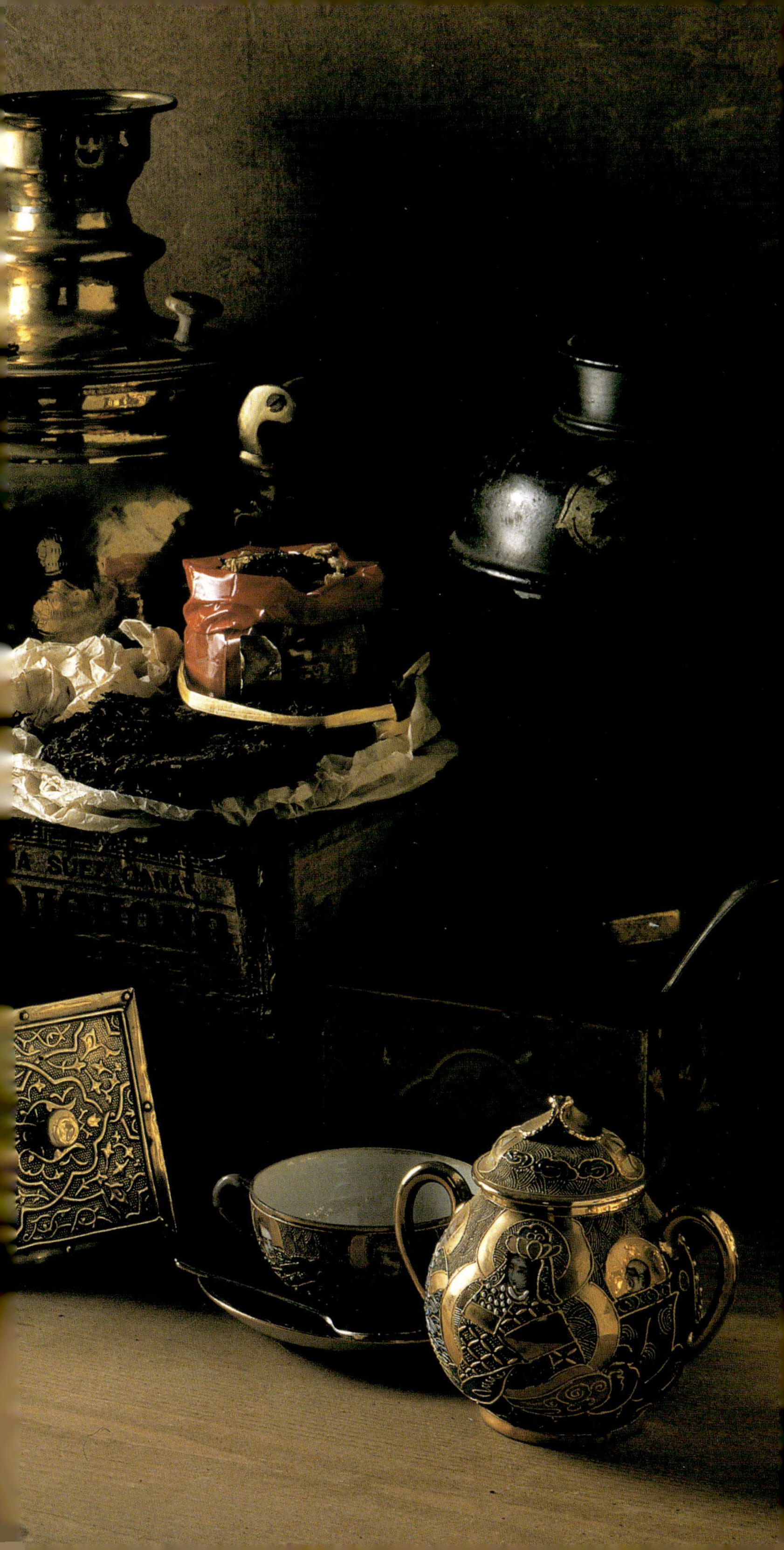

I. DES SIÈCLES D'AVENTURES

A. La route du thé

Depuis la Chine, en empruntant d'abord l'itinéraire des caravanes puis celui des compagnies maritimes, le thé mena une patiente conquête de l'Occident. Lorsque sa fabrication ne fut plus un secret, les empires coloniaux se chargèrent d'en implanter la culture partout où elle était possible. Les Expositions Universelles du XIXe siècle achevèrent de populariser sa consommation.

- *Boston Tea Party*
- *Caravane*
- *Clipper*
- *Compagnie maritime*
- *Comptoir*
- *Exposition Universelle*
- *Implantation*
- *Loolecondera*

B. Les découvreurs du thé

Le secret de la fabrication du thé, originaire de Chine, fut préservé pendant des millénaires. Il fallut l'audace d'un botaniste anglais du XIXe siècle pour le dérober à ses inventeurs et le livrer à l'Occident. Grâce au courage de nombreux pionniers, sa culture et sa consommation se répandirent dans le monde. Le thé fit alors la fortune de quelques commerçants bien inspirés.

- *Bruce (les frères)*
- *Exotisme*
- *Fortune (Robert)*
- *Lipton (Thomas)*
- *Pionnier*
- *Taylor (James)*
- *Twining (Thomas)*

C. La commercialisation du thé

Si la production des grands crus est encore l'affaire d'un artisanat qualifié, de plus en plus d'exploitations adoptent des procédés industriels. La qualité des récoltes est estimée annuellement, à l'issue d'une dégustation pratiquée par une poignée de spécialistes. Le consommateur de thé, lui, est sans cesse sollicité par de nouveaux produits sur un marché qui s'organise à l'échelle internationale et dont les enjeux financiers sont considérables.

- *Conditionnement*
- *Consommation*
- *Dégustateur (expert)*
- *Industrie*
- *Pénurie*
- *Production*
- *Soluble*

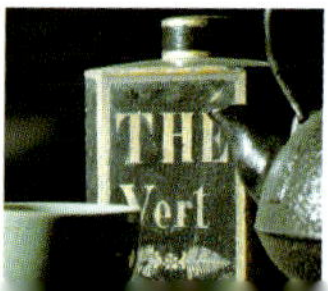

II. CULTIVER LES JARDINS

A. Les grands jardins de thé

La nature des sols et les conditions climatiques déterminent la saveur du thé. Il existe donc des qualités de thé très différentes. Pour choisir un bon thé, reconnaître les grands crus, il est indispensable de savoir où sont cultivées les diverses variétés.

- *Assam*
- *Ceylan*
- *Chine*
- *Corée*
- *Darjeeling*
- *Formose*
- *Inde*
- *Indonésie*
- *Japon*
- *Kenya*
- *Viêt-nam*

B. La fabrication du thé

Cultivé dans des « jardins », le thé est une plante exigeante. Des gestes accomplis durant la cueillette et lors de la fabrication dépend sa qualité. Dans les manufactures, presque toujours situées sur les lieux mêmes de la plantation, la lente élaboration du thé passe par cinq étapes de fabrication des plus minutieuses.

- *Camellia sinensis*
- *Climat*
- *Conservation*
- *Criblage*
- *Cueillette*
- *Dessiccation*
- *Fabrication*
- *Fermentation*
- *Flétrissage*
- *Jardin*
- *Manufacture*
- *Roulage*

C. La classification des thés

Les thés sont classés par couleurs et selon la méthode de cueillette. Les « grades » des thés noirs figurent par des abréviations sur les boîtes ou les sachets de thé. Il faut savoir les lire avant de choisir le thé.

- *Blanc*
- *Classification*
- *Fumé*
- *Gunpowder*
- *Noir*
- *Semi-fermenté*
- *Vert*

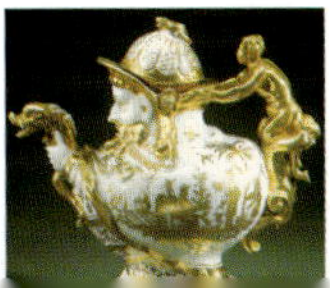

III. LA DÉGUSTATION

A. Les ingrédients d'une bonne tasse de thé

Pour certains, la convivialité du thé se résume à un sachet plongé dans un peu d'eau chaude. Pour d'autres, la variété de thé, l'eau et la théière sont sélectionnées soigneusement et l'infusion s'accompagne d'un déploiement raffiné de vaisselle.

- *Citron*
- *Eau*
- *Heures du thé*
- *Lait*
- *Porcelaine*
- *Préparation*
- *Service à thé*
- *Sucre*
- *Théières*

B. Le goût du thé

Il existe autant de saveurs – ancestrales ou issues du progrès technologique – qu'il y a de thés. Évoquées par un vocabulaire à la fois précis et poétique, les variétés de thé se dégustent souvent à l'état pur, même si certains mélanges sont fort savoureux.

- *Arômatisé*
- *Façonné*
- *Fumé*
- *Glacé*
- *Mélange*
- *Menthe*
- *Parfumé*
- *Russe (Goût)*

C. L'heure du thé

« Cinq heures » n'est pas partout l'heure du thé. Où que l'on se trouve cependant, elle représente toujours un moment de détente, individuelle ou partagée. L'introduction du thé dans la civilisation occidentale demeura longtemps l'apanage d'une société distinguée. En revanche, dans les pays arabes et en Orient, l'usage du thé possède de profondes et solides racines populaires.

- *États-Unis*
- *Europe*
- *France*
- *Orient*
- *Salon de thé*
- *Samovar*
- *Tea time*
- *Tibet*

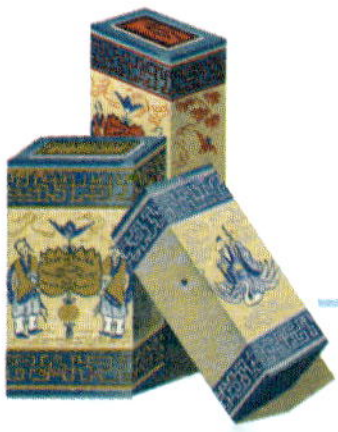

IV. L'ESPRIT DU THÉ

A. Un art de vivre

Comprises dès l'origine en Orient comme l'expression de la plus haute civilisation, la fabrication et la dégustation du thé traduisent un certain art de vivre. La littérature, savante ou romanesque, lui a réservé une place non négligeable. Au Japon, la préparation du thé fait depuis des siècles l'objet d'une cérémonie bien particulière. Pour certains, boire du thé est un rituel, voire le reflet d'une attitude philosophique.

- *Cérémonie du thé*
- *École de thé*
- *Légende*
- *Littérature*
- *Rituel*
- *Voyance*
- *Zen*

B. Les vertus du thé

Longtemps, on attribua au thé des vertus médicinales. Comme toutes les plantes, il possède en effet certaines propriétés mais, aujourd'hui encore, certaines idées reçues ont la vie dure.

- *Composition*
- *Santé*
- *Théine*
- *Traité*

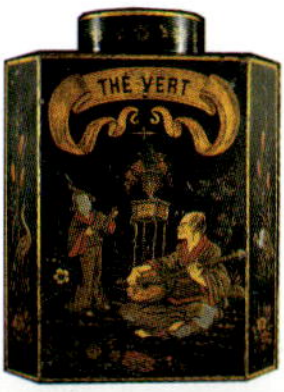

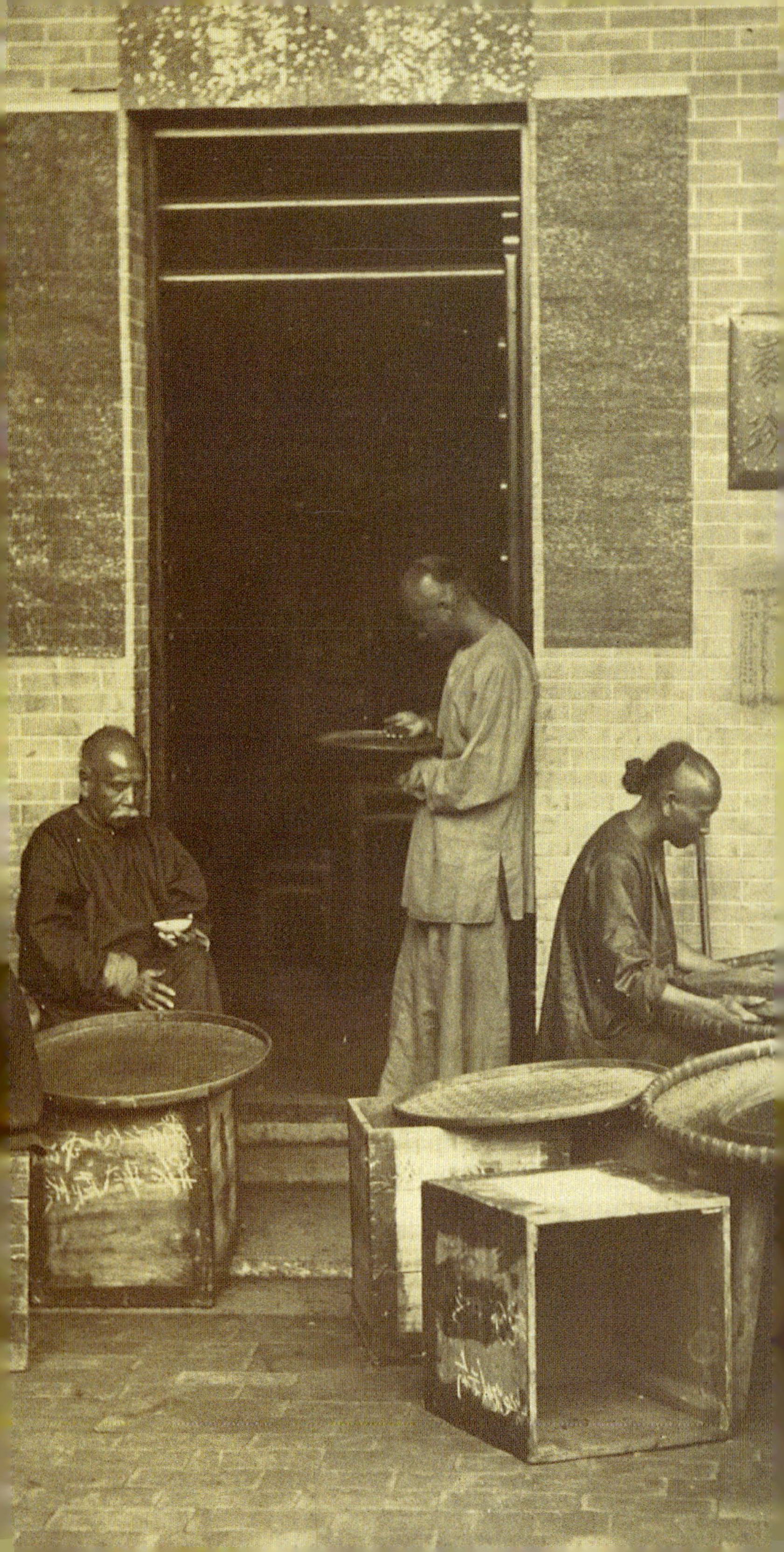

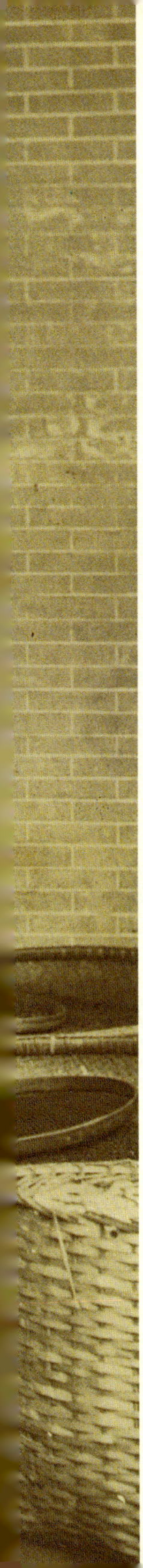

LE THÉ RACONTÉ

« On boit le thé pour oublier le bruit du monde », murmurait T'ien Yi-Heng bien avant que sa passion, plus exigeante dit-on que celle de l'or, ne soit partagée par les connaisseurs des quatre horizons.

Boisson unique, le thé est céleste par sa naissance : ses premières gouttes n'ont-elles pas, dit la légende*, humecté les lèvres divines de l'empereur Chen Nung ? Le thé est noble par son histoire, cinq fois millénaire – c'est la plus ancienne boisson de l'humanité –, ponctuée d'aventures individuelles émouvantes et admirables, de luttes stratégiques farouches, d'enjeux politiques majeurs. Il est majestueux par son universalité, qui en fait aujourd'hui la boisson la plus consommée dans le monde. On le pare de vertus : il guérit, désaltère, nourrit. On le vêt de mots de séduction, et on le respecte comme une plante magique.

Mais son secret réside sans doute ailleurs : dans ses qualités quasi humaines. Le thé raconte, il invite au voyage, se partage, rapproche les cultures, se donne aux poètes, est d'emblée geste d'hospitalité et de convivialité. Nul autre produit de la terre n'a, au fil des siècles, suscité d'aussi subtils rituels*, inspiré un tel raffinement des objets qui le servent. Il épouse la conscience des individus et est le plus sûr révélateur de leur âme. L'art du thé, ici et là, éclôt comme art de vivre. Aborder son univers, c'est tout simplement s'attacher au destin des hommes.

I. Des siècles d'aventures

A. La route du thé

De sa découverte jusqu'au début du XVIIe siècle, le thé est resté inconnu de l'Occident, et le quasi-apanage de la Chine. Sa culture ne s'évade que timidement vers les marches du pays : la Corée*, le Tibet*, le Japon furent les premiers à en bénéficier. Ce sont les oasis et caravansérails de la route de la soie qui abritèrent les premiers jalons d'une voie marchande dont le rayonnement restait cependant confidentiel.

Si la terre permit d'ancrer des traditions, c'est la mer qui fut le théâtre de la formidable expansion que les XVIIe et XVIIIe siècles allaient imprimer au commerce du thé. Les compagnies* de navigation anglaise, française ou hollandaise déployèrent tous leurs efforts pour contracter à meilleur prix des accords avec la Chine, impénétrable, et y implanter leurs comptoirs. L'histoire bruit alors de sourdes manœuvres, se peuple de personnages inquiétants et favorise le génie. Le très anglais roi George III, se décidant à « cultiver l'amitié de la Chine », y introduisit l'opium et renversa la balance des

Pages précédentes : Tri des feuilles de thé dans une manufacture de Canton. Photographie de John Thomson, 1869.

paiements au profit de sa gloire et des caisses de l'East India Company. Victoire à l'Est mais révolte à l'Ouest : le thé, symbole de politesse et d'hospitalité, était devenu pour l'Amérique symbole de liberté quand éclata la Boston* Tea Party, premier acte de la guerre d'indépendance.

Le contrôle de la distribution, qui accéléra l'avènement des clippers* puis celui des steamers, ne suffit pas à répondre à la demande des consommateurs avides d'exotisme*. La maîtrise de la production devint un enjeu prioritaire, d'où la création des plantations de l'Empire britannique en Inde et plus tard à Ceylan.

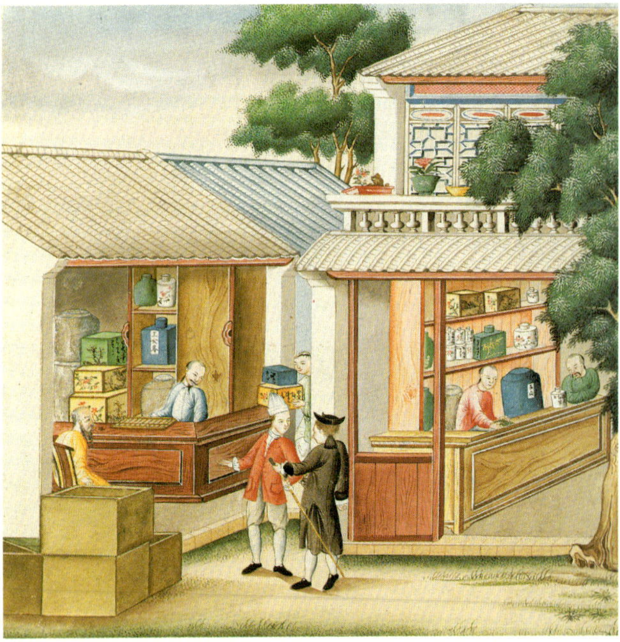

Marchand européen achetant du thé en Chine. Aquarelle, XVIIIe siècle. Londres, Victoria and Albert Museum.

B. Les découvreurs du thé

La conquête, on s'en doute, ne se fait pas sans péril. Jungle, animaux féroces, maladies, puis solitude et labeur scandent une âpre colonisation dont les voyages le long du Brahmapoutre puis à dos d'éléphant sont les évocations romantiques.

En 1849, Robert Fortune* parcourt la Chine en chaise à porteurs déguisé en marchand chinois puis en mandarin mongol, espionne pour Sa Gracieuse Majesté et dérobe enfin le secret de la fabrication du thé. Vingt mille pieds de « l'arbre à thé » seront grâce à lui plantés sur les contreforts de l'Himalaya. Acclimatés à Ceylan, les plants d'Assam feront de ce pays « l'île du thé ».

À l'ère des pionniers* succède vite l'ère des marchands et des gentlemen du thé. Fondée au XVIIIe, la maison Twining* s'impose au siècle suivant. Au début du XXe siècle apparaît un nouveau personnage, Thomas Lipton*. Son audace – qui se conjugue à un sens inégalé de la communication – le pousse vers Ceylan, l'entraîne à faire fi des intermédiaires et à diminuer le prix du thé pour le rendre accessible aux plus humbles.

C. La commercialisation du thé

À l'aube de l'an 2000, près de quarante pays cultivent le thé, de l'Argentine au Zimbabwe. Les principaux producteurs* sont aussi les plus grands consommateurs*. Le montant global des échanges atteint deux à trois milliards de dollars par an. L'industrialisation* a hâté la vocation universelle du thé, le legg-cutter a remplacé les ciseaux d'or, les feuilles de thé sont coupées en petits morceaux, broyées et enserrées dans des sachets de papier sans apprêt.

Deux millions et demi de tonnes sont chaque année produites. Les courtiers opèrent dans les Bourses de Colombo, où sont pratiquées des enchères inversées, de Londres ou de Calcutta. Plus de deux milliards de tasses sont consommées chaque jour dans le monde.

Des traits remarquables demeurent néanmoins. La vigueur d'une distribution artisanale, d'abord, quantitativement marginale mais qui constitue pour tous un point de repère qualitatif. Les consommateurs trouvent dans les traditionnelles maisons de thé l'expérience rassurante du spécialiste et un lieu de découverte et de dégustation* de grands crus qui, sans elles, risqueraient de disparaître. La multiplication des produits à base de thé, qui s'étendent à l'art culinaire, à la santé, à la beauté, fait ensuite de ce marché un domaine largement en devenir.

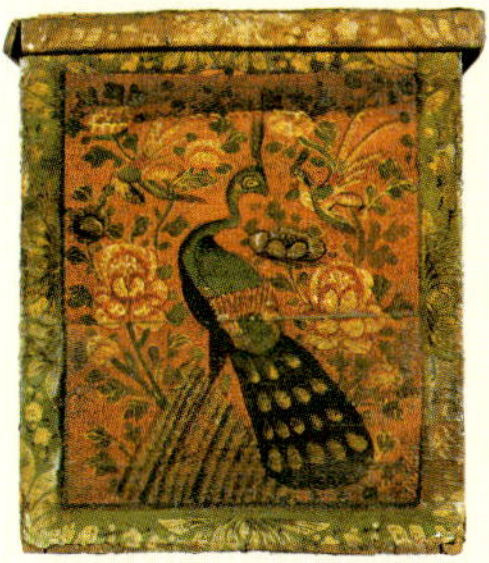

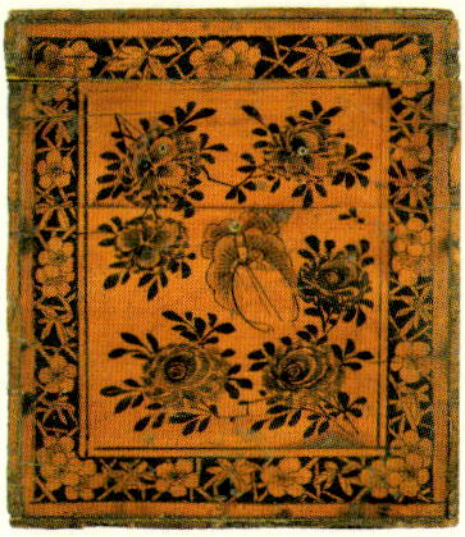

Caisses à thé, Chine, XIXe siècle. Paris, musée du Thé Mariage Frères.

II. Cultiver les jardins

A. Les grands jardins de thé

Un sol meuble et profond, riche en humus et légèrement acide, une altitude élevée, des pluies d'été et d'automne qui nourrissent une terre bien drainée, la chaleur, peu de vent, des brumes matinales qui enveloppent la montagne ; là où d'autres plantes meurent, le *Camellia* sinensis* donne ses plus belles feuilles et offre à la planète quelques-uns de ses plus saisissants paysages.

Jardin de thé, Ceylan.

Certaines plantations couvrent des régions entières. Il existe des myriades de jardins. L'Assam* en compte deux mille, certains de plus de 1 000 ha. Il y a plus de jardins de thé en Chine* que de vignobles en France.

Si, dans ce pays, les impératifs de production ont donné naissance à des dénominations de qualité standard, ont exceptionnellement subsisté quelques crus qui ont gardé leur appellation. Leur richesse est inégalable. Le Yin Zhen (« Aiguilles d'argent »), le plus précieux thé blanc, n'est cueilli que deux jours par an ; le Pei Hou, suave thé vert, cultivé dans un jardin accessible par l'homme après cinq heures de marche, n'est récolté qu'une fois par an ; le Fenghuang Dancong, chef-d'œuvre des thés semi-fermentés de Guangdong ; des thés noirs au parfum d'orchidée, tel le Keemun Maofeng (« de la montagne du Lion »), font de ce pays, qui conserve encore des jardins secrets, un véritable écrin. Formose* et son « Oriental Beauty », sommet de perfection des Oolong, n'est pas en reste.

Les rois des thés noirs sont eux cultivés dans la région de Darjeeling* qui compte 83 jardins réputés. Le terroir y ajoute le caractère unique d'un goût subtil de muscat. Castleton, Namring, Margaret's Hope, Ambootia, Puttabong ou le mystérieux jardin d'Arya, que la cueillette d'automne enrichit d'un incomparable parfum de « rose d'Himalaya », autant de noms qui ravissent les connaisseurs et sont titres d'exception. Ils se déclinent ici par récolte : « first flush », « in between », « second flush », « autumnal » donnent des thés plus ou moins jeunes, au parfum plus ou moins fleuri, fruité, mûr.

Feuilles de thé.

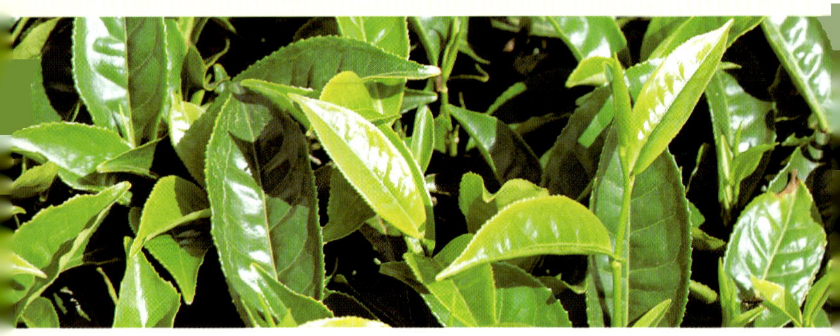

Le Japon* a lui aussi ses chefs-d'œuvre. Le Gyokuro (« Rosée précieuse »), le plus prestigieux thé vert du monde, est mis sous ombrière pendant trois semaines avant la cueillette.

On peut à l'infini s'émerveiller en poursuivant le voyage à travers l'immensité des jardins d'Assam, sous l'éclatant soleil de Ceylan*, sur les pentes volcaniques du mont Cameroun… et sans fin déguster le thé.

Double page suivante : Manufacture de thé à Ceylan.

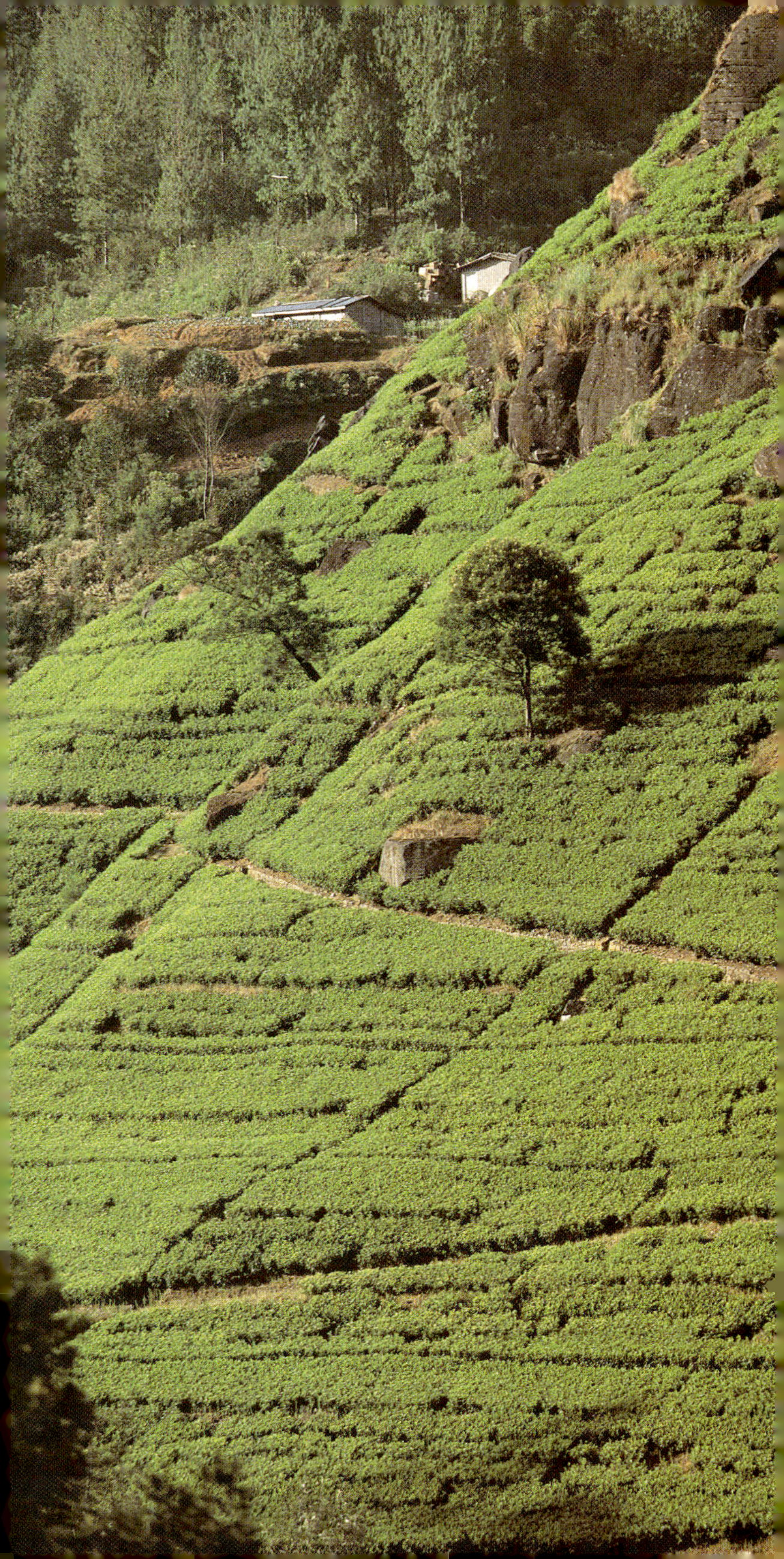

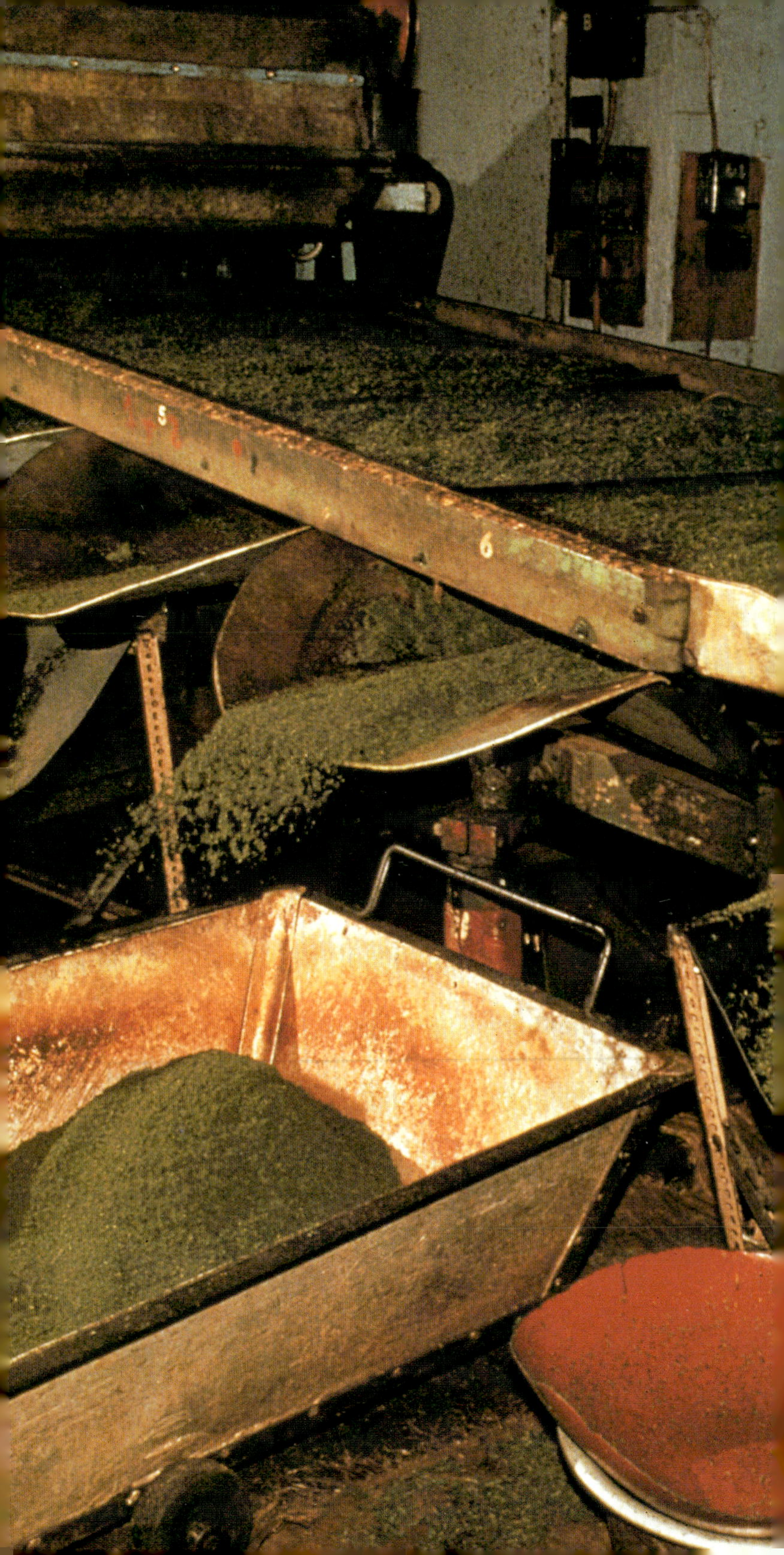

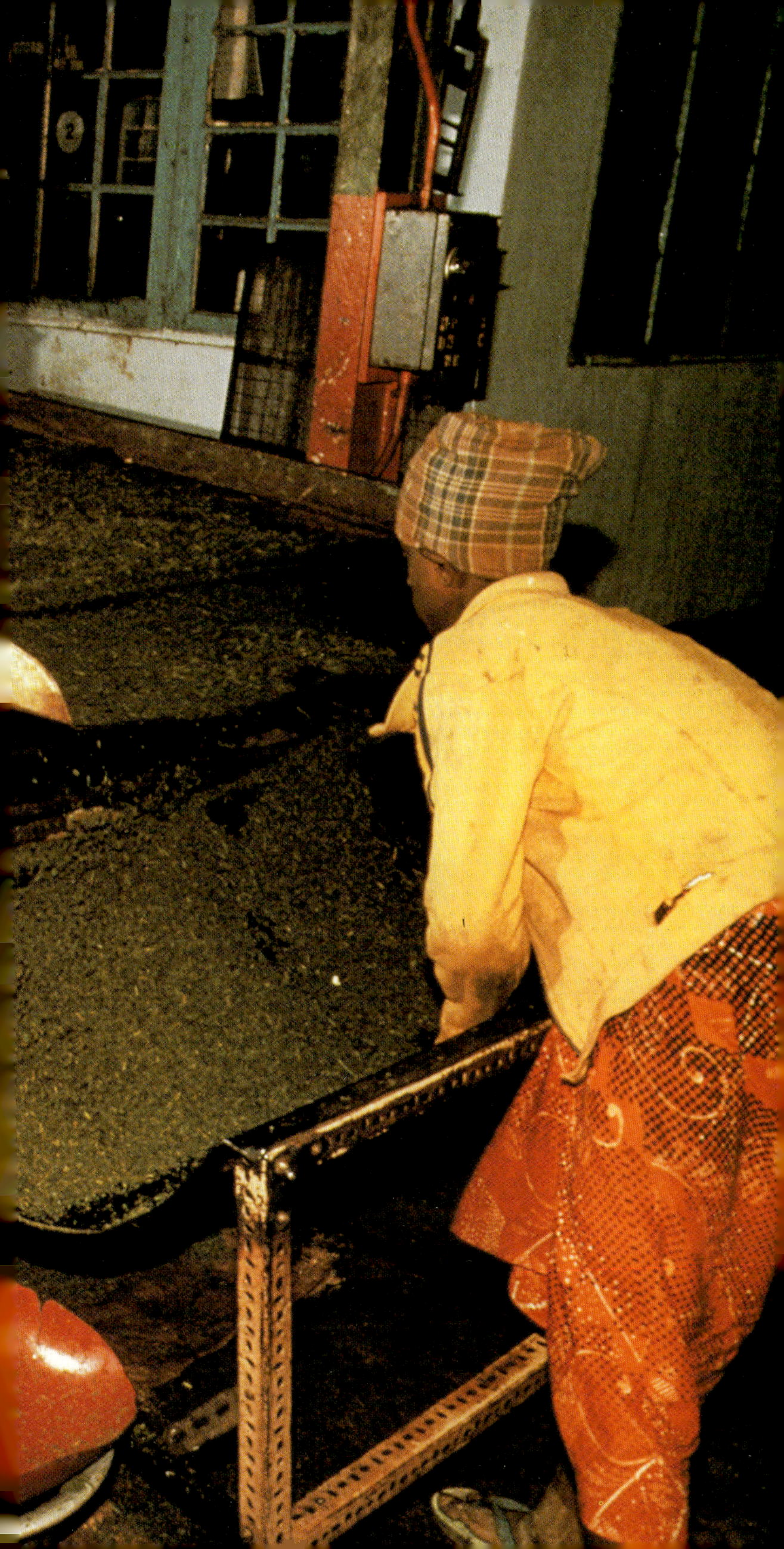

B. La fabrication du thé

Adulte, le théier peut atteindre plus de vingt mètres de hauteur, ce qui rendrait difficile la cueillette de ses bourgeons. Cultivé en pépinière, il faut donc le façonner pour que sa taille ne dépasse pas celle des cueilleuses.

Cinquante mille fois par jour les jeunes Cingalaises détachent, en les sectionnant entre majeur et index, les rameaux supérieurs des théiers avec un respect, un soin, une rapidité dont dépend leur subsistance, et rejettent derrière l'épaule les poignées de feuilles dans les hottes d'osier. Chaque étape de la fabrication* est minutieusement réglée, et les manufactures* toutes proches traitent la feuille selon des normes absolues.

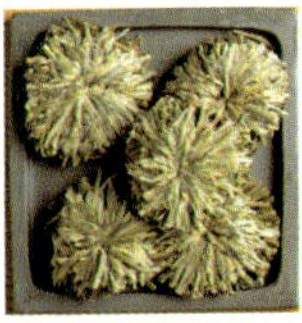

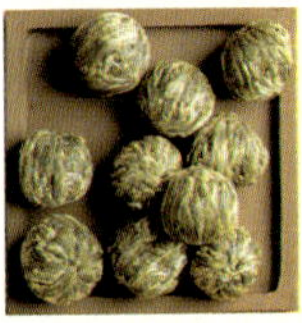

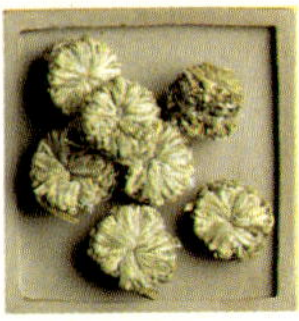

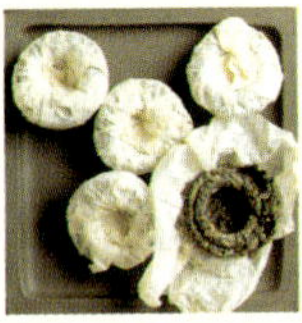

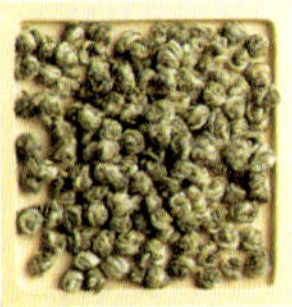

Thés façonnés
De haut en bas :
Bouquets de thé ;
Bourgeons de thé ;
Étoiles de thé ;
Tuo Cha Lubao ;
Perles de thé.

Dans la répétition des gestes, seule la fermentation*, quand elle est nécessaire, obéit à une alchimie inexpliquée. Elle repose entièrement sur le talent du planteur qui devra décider du moment précis où le processus sera arrêté, pour obtenir un résultat optimal. Cette intervention, cette relation entre la sensibilité de l'homme et le travail du thé expliquent que jamais deux lots, d'un même jardin* et d'une même récolte, ne seront identiques. Ceci élargit encore la palette des goûts qu'offre le thé.

C. La classification des thés

Tous les thés naissent du *Camellia sinensis* – ou de ses hybrides. Les différences de traitement, de qualité, de préparation, de période de récolte ont amené à créer des catégories qui permettent de transcrire ses infinies subtilités.

Les Chinois les premiers ont élaboré des distinctions fondées sur la couleur de l'infusion : blanche, verte, jaune ou rouge, chacune accompagnée de nuances de profondeur. Ils différencient ainsi les thés blancs* et les thés verts*, tous deux non fermentés ; les thés semi-fermentés*, qui subissent une fermentation limitée ; les thés parfumés ; les thés compressés ; et enfin les thés noirs* ou fermentés, les plus appréciés de la majorité des Occidentaux.

Ces derniers ont mis au point une classification* différente qui tient compte des degrés de fermentation et des procédés de fabrication. Les thés noirs sont donc hiérarchisés selon les types de cueillette* et leur goût plus ou moins corsé. Les appellations F.O.P., G.F.O.P., S.F.T.G.F.O.P., etc. révèlent à qui sait les entendre des trésors de sophistication. (Les amateurs de thés plus puissants inclineront pour des thés à feuilles brisées, symbolisées par le B de « broken » : B.O.P., F.B.O.P., etc.)

Cette classification ne concerne que les thés noirs. Les autres thés sont hiérarchisés selon des critères esthétiques qui s'attachent à la forme des feuilles : plates (Lung Ching), roulées en boule (Gunpowder), torsadées (Oolong de Formose) ou façonnées (en bouquets, en étoiles, en perles…) sont autant de distinctions dont les amateurs sont friands. Les bourgeons et les feuilles les plus tendres attestent en outre d'une qualité supérieure.

III. La dégustation

A. Les ingrédients d'une bonne tasse de thé

Le thé se mérite. Il est exigeant. Chaque cru a sa spécificité, sa nature, ses secrets. Une mauvaise préparation* risque de ternir l'éclat des meilleurs jardins. La réussite du thé passe nécessairement par le respect des règles établies par l'expérience.

Bien choisie, l'eau* permet aux saveurs et aux arômes de s'exprimer pleinement ; trop dure, calcaire, ferrugineuse ou chlorée, elle tuera le thé. Il faut une eau très pure. Lu Yu, auteur du *Classique du thé*, recommandait dès le VIIIe siècle les eaux de montagne, puis les eaux de rivière ou de source qui sont neutres.

Le choix de la théière* doit ensuite être réfléchi. Les théières en porcelaine* ou en fonte émaillée s'accordent à la majorité des thés ; en verre (qui ne s'imprègne pas des arômes), aux thés parfumés ; en métal (étain, argent), aux thés corsés et riches en tanin. La théière en terre cuite de Yixing, originaire de la province chinoise de Jiangsu, est réputée comme idéale. Elle se « culotte » très rapidement et restitue toute sa saveur au thé. Il faut néanmoins se garder d'utiliser une telle théière déjà « culottée » pour d'autres familles de thé. Les vrais connaisseurs possèdent plusieurs théières : pour le thé noir non fumé, le thé fumé, le thé semi-fermenté, le thé vert ou blanc, le thé parfumé. Une théière avec un filtre incorporé est préférable ; dans le cas contraire, un filtre en coton est absolument nécessaire.

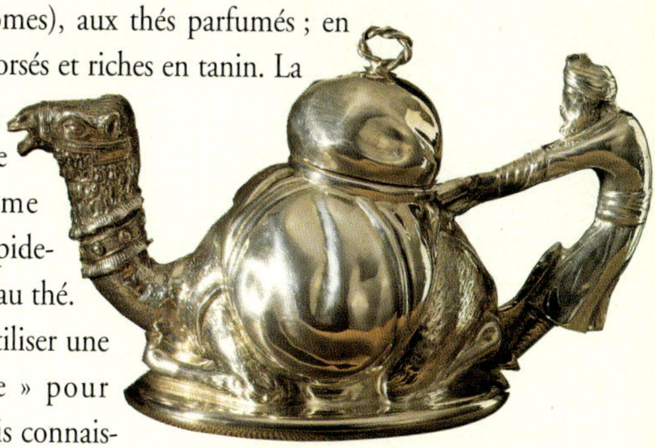

Réédition d'une théière orientaliste en argent de 1875. Paris, musée du Thé Mariage Frères.

La surveillance de la température de l'eau, en outre, est capitale : l'ébullition prolongée tue l'eau, détériore les feuilles de thé, dénature les saveurs. Il convient donc de veiller à utiliser une eau frémissante, voire à la laisser refroidir pour les thés les plus délicats (blancs et verts).
Il faut, ensuite, compter 2,5 à 3,5 g de thé par tasse pour un thé noir ou semi-fermenté, de 4,5 à 10 g pour un thé vert ou blanc.

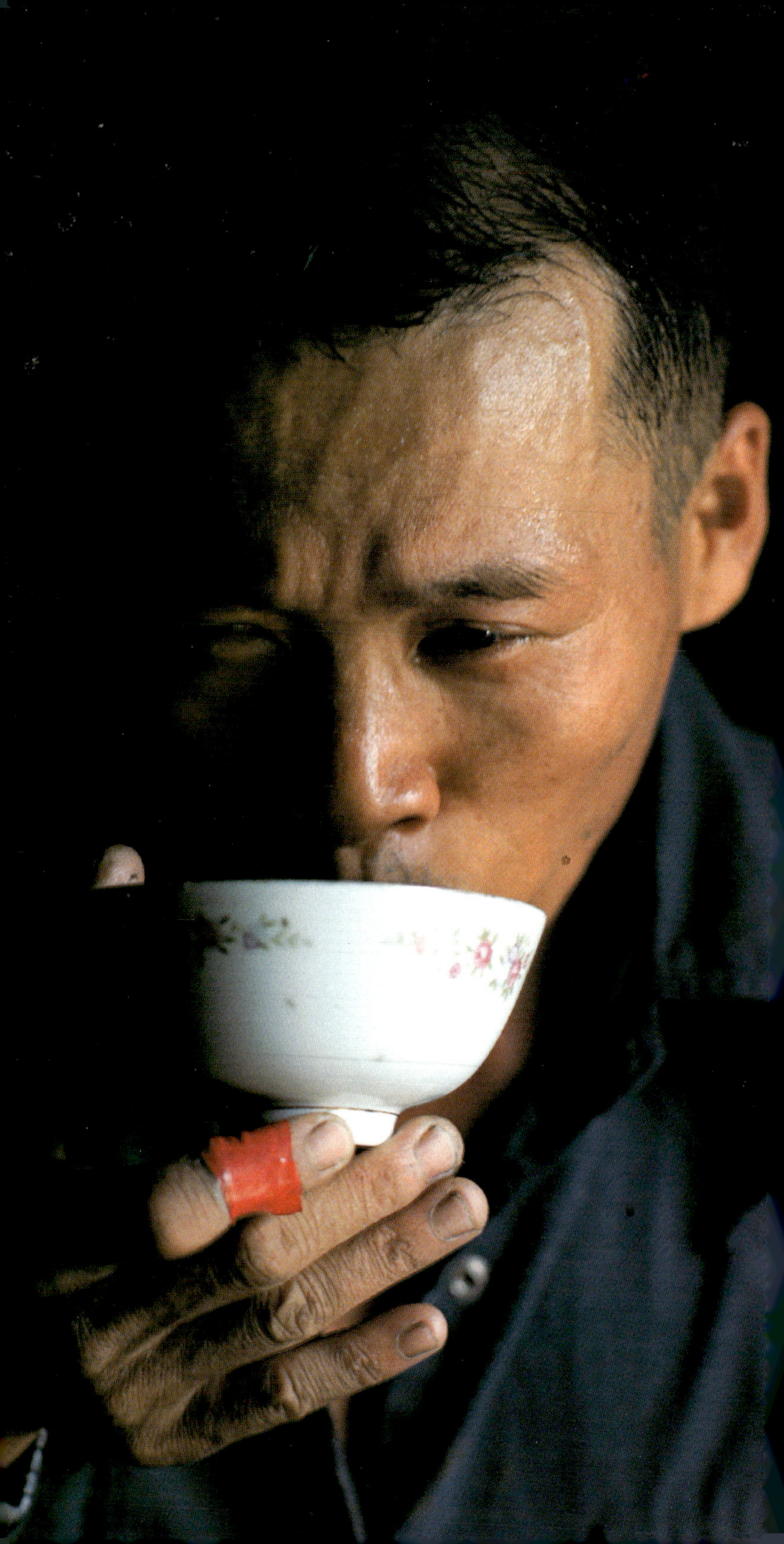

Le succès de la préparation, enfin, passe par le contrôle de l'infusion. Sa durée est différente selon que les feuilles sont broyées, brisées, entières, qu'il s'agit de thés verts, semi-fermentés, de jeunes Darjeeling, etc. Il faut l'arrêter – c'est-à-dire retirer les feuilles – au moment exact où les arômes sont libérés et où les tanins se dégagent.

B. Le goût du thé

Depuis l'origine le thé a inspiré ses adeptes. La poésie de son vocabulaire est déjà un enchantement. Comme le vin par sa robe, le thé se dépeint par sa couleur – verdoyante, ambrée, dorée, réséda… –, sa saveur – fleurie, ronde, aromatique, sucrée… –, sa liqueur – limpide, cristalline, brillante…

L'éventail des goûts est cependant grand déployé. Le Japon ne connaît de tradition que le thé vert. La Chine, elle, est la patrie des thés verts et semi-fermentés. La rareté du sucre*, dans les régions reculées d'Asie centrale, a conduit ses populations à diminuer l'amertume du thé par du sel, à le mêler à du beurre de yackmo…

Si les thés verts et Oolong ont été les premiers importés en Occident, le thé noir est celui qui y a connu les faveurs les plus insignes et profondes. Son goût rond se marie bien avec les saveurs salées et sucrées, et les Anglais eurent tôt fait de l'adopter – dans sa version la plus forte, d'Assam ou de Ceylan, qui supporte un nuage de lait* – et d'imposer à l'Europe* leurs critères gustatifs.

La France, cependant, a développé une culture tout à fait spécifique en matière de thé, qui s'affirme surtout depuis les années 1980. La palette proposée à ses amateurs est, il est vrai, une des plus larges du monde : rares thés blancs, prestigieux thés verts, plus de cinquante jardins de Darjeeling, cueillettes de toutes les saisons, grands crus de tous les pays. Chaque moment de la journée – matin, après-midi, soirée – réclame un thé différent. Pour accompagner le repas, le thé comme le vin appelle des alliances de goût : les volailles, un Lapsang Souchong ; les plats épicés, un thé vert au lotus…

Les inclinations gourmandes ont contribué à développer un art des mélanges* et la création de thés à la personnalité originale, classiques ou parfumés*, qui caractérisent un goût propre, véritable ambassadeur de l'art français du thé.

L'art de la subtilité requiert une maîtrise du palais qui s'éduquera progressivement : thés parfumés ou mélanges, puis thés noirs plus ou moins corsés, thés noirs de grands jardins et de différentes récoltes, thés semi-fermentés de Formose puis de Chine, thés verts de Chine puis du Japon, enfin thés blancs.

Double page suivante : Cingalais transportant du thé.

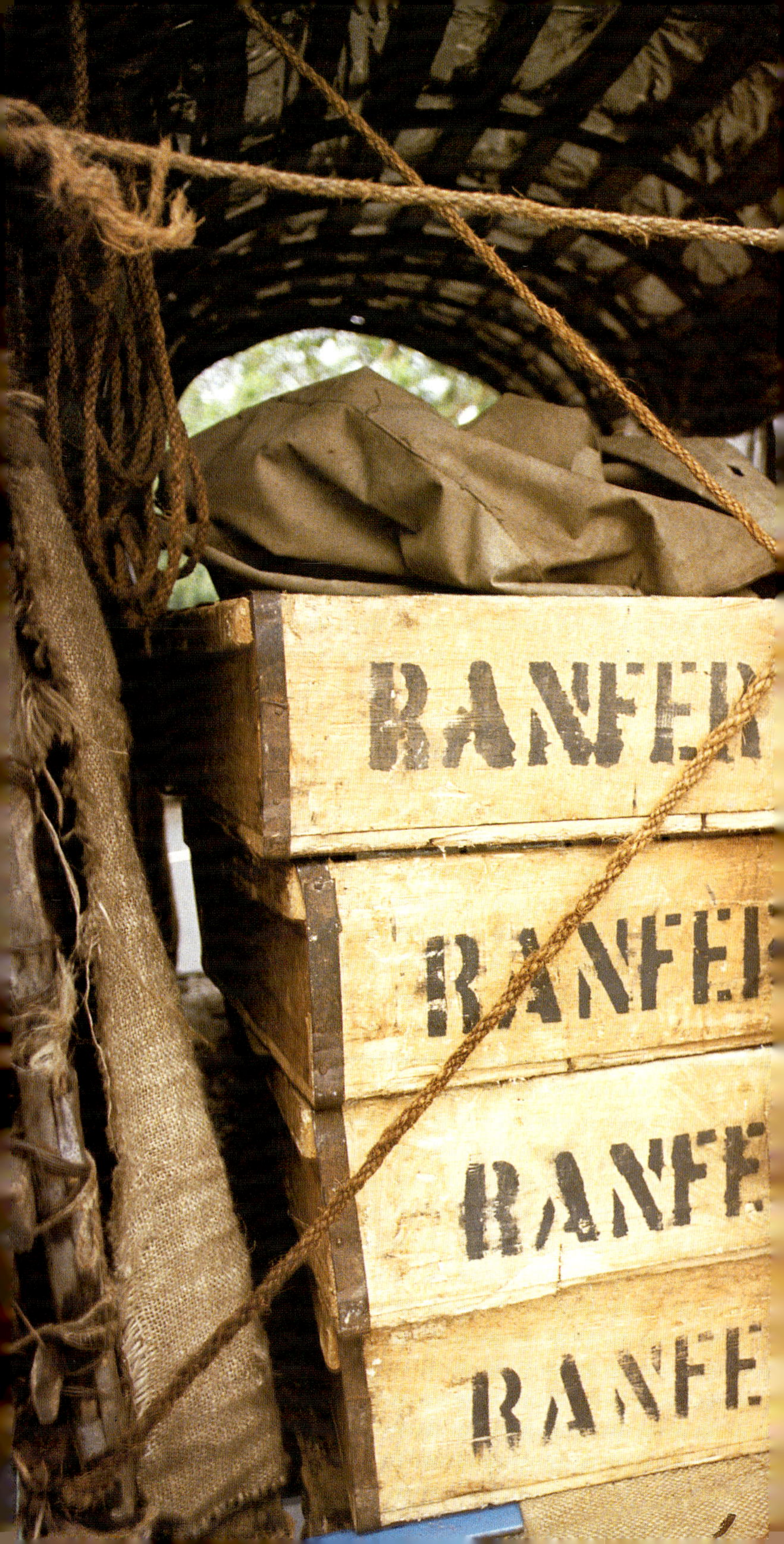
RANFER
RANFER
RANFE
RANFE

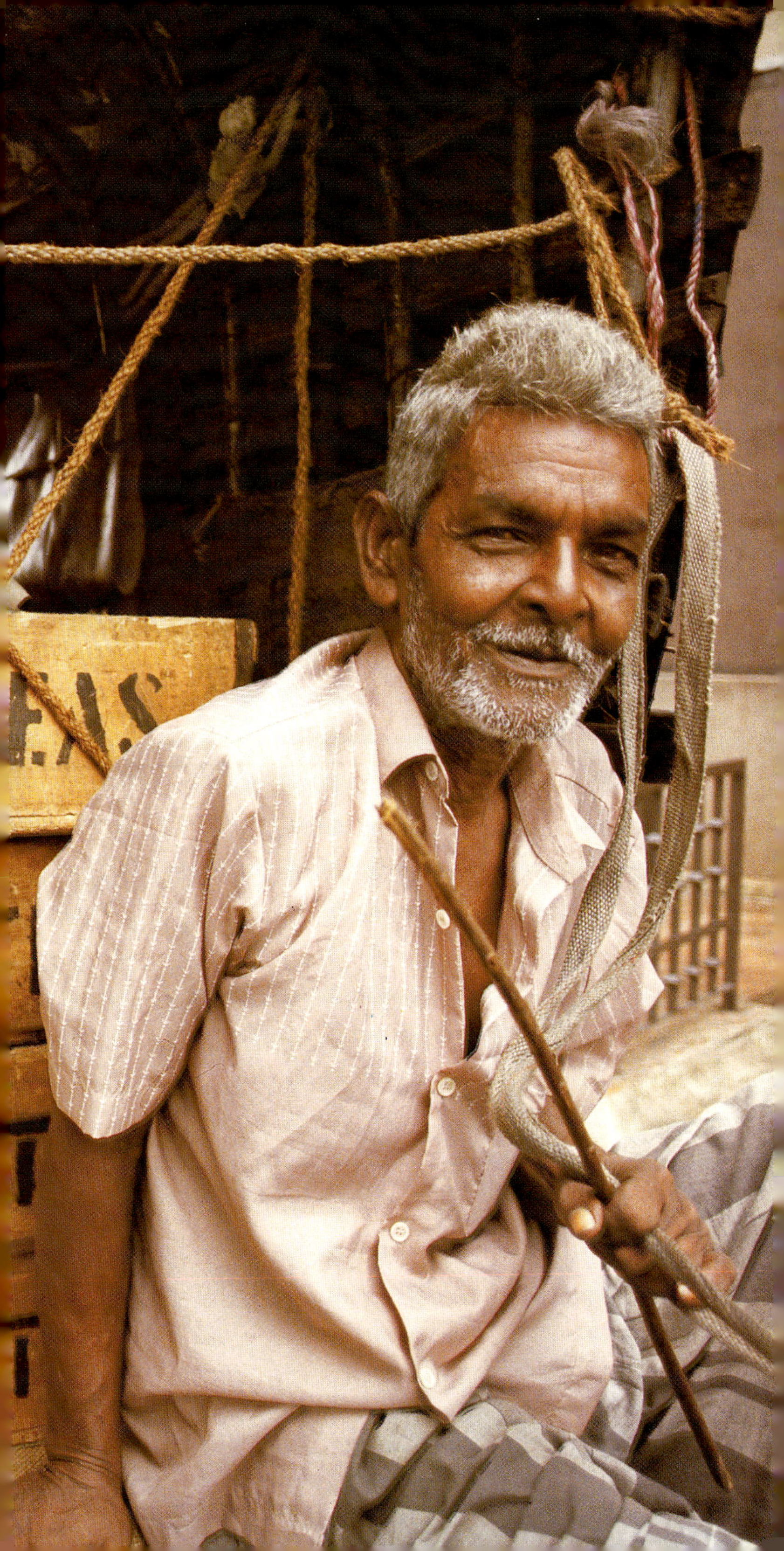

C. L'heure du thé

« N'est-il pas étrange que, de si loin, l'humanité se soit rencontrée autour d'une tasse de thé ? Voilà le seul cérémonial oriental qui emporte l'estime universelle », constate Okakura Kakuzo.

Par-delà la diversité des cultures, le thé a valeur de lien. Le thé oriental est populaire, présent partout, en toutes circonstances : dans les gargotes chinoises, les petits cafés égyptiens, dans les gares, les trains, les campements, porté par des marchands ambulants indiens. Tout se dit, se traite, se règle autour d'un verre de thé. Le thé réunit les générations.

Souvent l'heure* du thé est aussi celle d'un repas, à l'image du *high tea.* Pour les Anglais, le thé est de tous les instants de la vie quotidienne, transcendant les différences et les catégories sociales.

Le thé occidental a, lui, gardé la trace de son passé aristocratique. En France*, le moment du thé est l'occasion privilégiée d'unir les plaisirs des yeux à ceux du palais, de développer l'art de la préparation et de la présentation. Des services* raffinés, des objets précieux rappellent que le thé a été le prétexte de certaines des plus belles œuvres des orfèvres et des céramistes. Il entre également en gastronomie avec l'invention de mets et de pâtisseries fines à base de thé.

IV. L'esprit du thé

A. Un art de vivre

Le thé rassemble cultures et arts de vivre les plus divers.

Depuis le *Classique du thé (Cha King)* de Lu Yu, le thé est à jamais inscrit dans la vie artistique et intellectuelle chinoise. Cet ouvrage, écrit en 780, sous la dynastie des Tang (618-907), fut à la fois une révolution et une révélation. De simple boisson, le thé devenait breuvage spirituel, thème de poèmes et de peintures, sujet de réflexion, prétexte de disputes courtoises qui enflammaient les échoppes le long du fleuve Bleu. Sous les Song (960-1279), le raffinement envahit l'art du thé jusqu'à une élévation ostentatoire qui ne visait rien moins qu'à la perfection.

Le Japon a lui développé une voie philosophique. L'architecture, l'art des jardins, la calligraphie, la décoration florale participent à la cérémonie* du thé. Les ustensiles du thé sont des réalités qui permettent de capturer l'essence du mot « beauté ». Le thé est un pont entre l'ici et l'ailleurs.

Le thé à la menthe* est en Orient le premier signe d'hospitalité. Quel voyageur n'a-t-il été accueilli par ce nectar « amer comme la mort, sucré comme la vie et doux comme l'amour »…

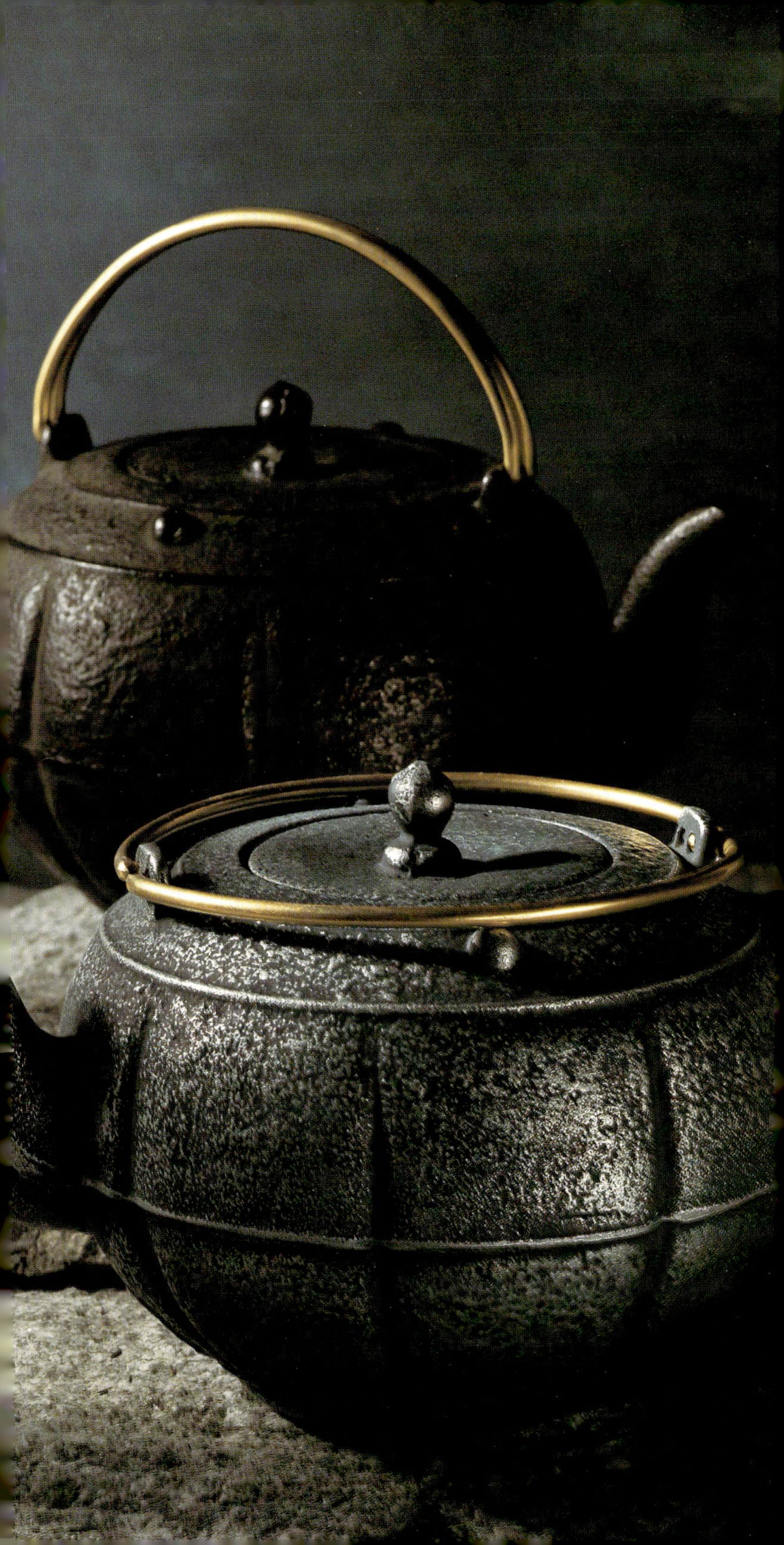

Les *tea gardens*, ou la rencontre du thé avec l'art des jardins et des panoramas à la Gainsborough, comblèrent les aspirations bucoliques des Anglais ; lors des *tea moralities*, le thé bien chaud distribué aux déshérités devint un instrument philanthropique.
En France, où l'héritage des salons* de la bonne société et des rendez-vous littéraires* reste vivace, le thé appartient à l'art de recevoir. Il est prétexte à réflexions savantes, est objet de curiosité et de discussions.

B. Les vertus du thé

C'est sous les Han (206 av. J.-C. à 220 ap. J.-C.) que les Chinois découvrirent l'usage pharmacologique du thé, réputé pour soulager la fatigue, délecter l'âme, fortifier la volonté et la vue.
En Europe aussi ses vertus furent étudiées. Philippe Sylvestre Dufour, dès 1685, dans son *Traité* du thé*, rappelle que « l'excellente boisson guérit des maux de tête ». Depuis, les chimistes ont confirmé la présence de théine* et de théophylline, stimulants cardiaques, cérébraux et diurétiques, de flavonoïdes, qui freinent la cholestérolémie et ont une action hypotensive, de fluor, de catéchols, antiseptiques, et de vitamine C, surtout dans les thés verts… La recherche médicale s'intéresse de très près à leurs qualités. La cosmétologie tire parti des propriétés du thé vert dans des produits de beauté les plus divers.
Le thé est universellement reconnu comme une boisson bienfaisante.
Bienvenue dans le monde du thé.

Kitti Cha S*ANGMANEE*

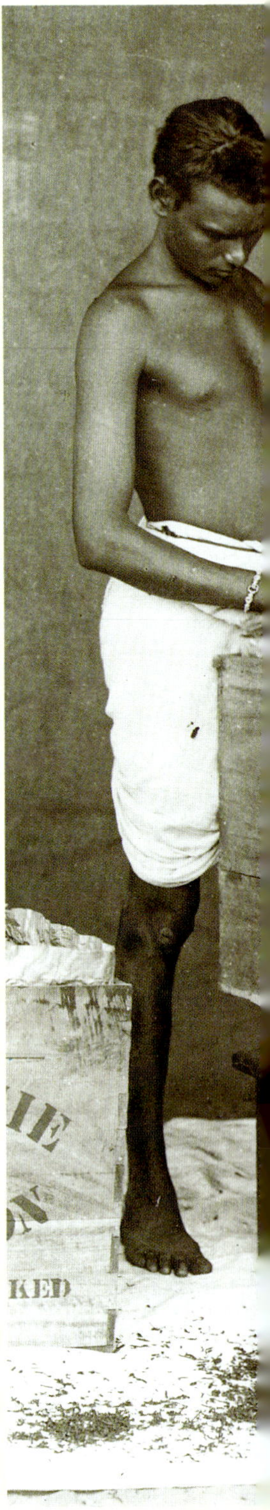

Page précédente :
Théière traditionnelle japonaise en fonte. Paris, Mariage Frères.

Mises en caisses du thé, Ceylan, v. 1890.

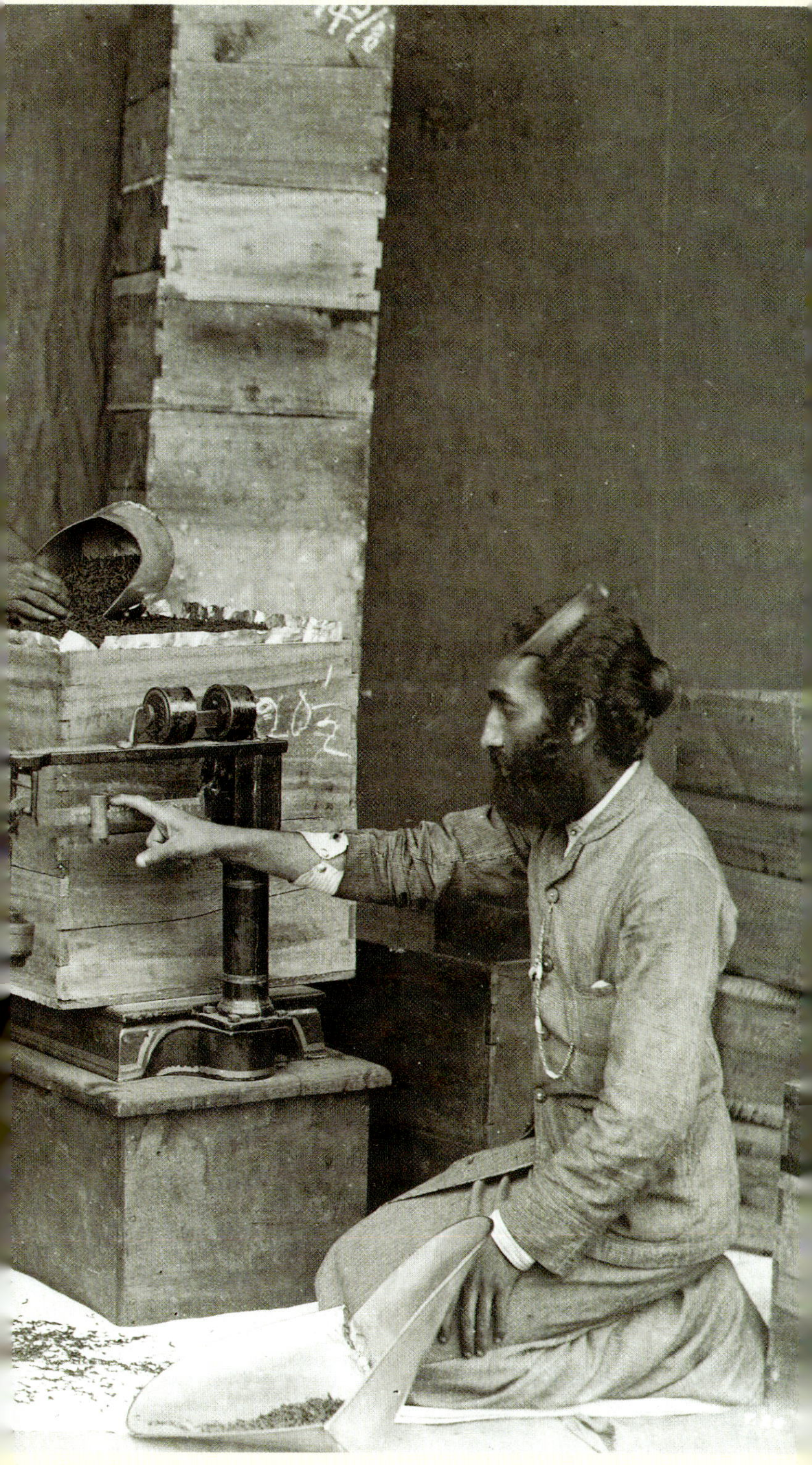

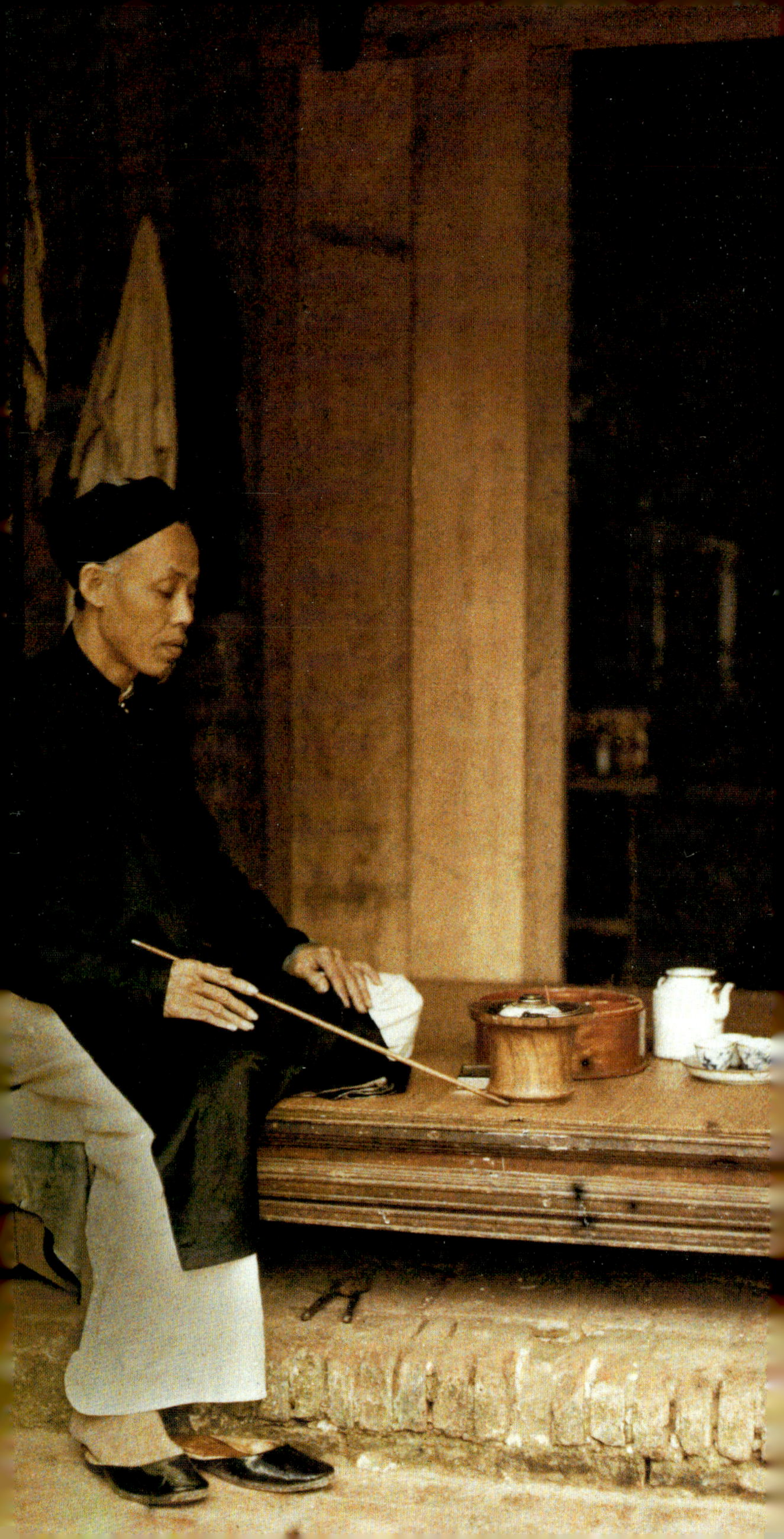

Aromatisé

Si la tradition des thés parfumés* est ancestrale, l'engouement pour les thés aromatisés aux goûts les plus divers, né dans certains pays d'Europe (la France et l'Allemagne en premier lieu), ne date que des années 1970. Que dire des dizaines d'arômes proposés aujourd'hui par les fabricants, où l'on trouve presque tous les fruits de la Création, quelques épices et condiments, quelques fleurs, et même quatre ou cinq alcools ? Pour les puristes savourant dans chaque gorgée de thé la subtile essence d'un jardin* particulier, ou le complexe équilibre d'un mélange* harmonieux, ce ne sont que de fantaisistes infusions à base de thé. Néanmoins ces produits – qui représentent près d'un tiers des ventes des meilleures maisons – ont le mérite d'amener peu à peu aux thés d'origine une clientèle toujours renouvelée (à majorité féminine et adolescente), d'abord attirée par les saveurs fortes et fruitées.

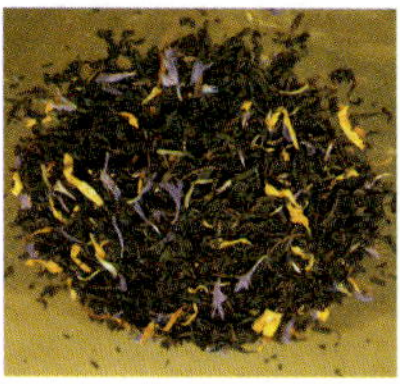

L'aromatisation se pratique dans un tambour rotatif, par la pulvérisation de l'essence ou de l'huile essentielle sur les feuilles. Surtout pour des raisons esthétiques, on rajoutera parfois quelques pétales de fleurs, zestes ou pelures de fruits, qui seront la trace visible du parfum annoncé. En Europe les thés sont aromatisés de préférence avec des essences naturelles. La législation interdit l'emploi de tout produit de synthèse. AS

Annamite fumant sa pipe à eau tandis qu'infuse son thé, Hanoi, v. 1915. Boulogne-Billancourt, collection Albert Kahn.

Cueilleuse de thé dans un jardin d'Assam, Inde du Nord-Est.

ASSAM : LE PAYS DES DEUX MILLE JARDINS

Encaissée entre l'Himalaya et les monts Naga et Patkoi, l'Assam, région de la vallée du Brahmapoutre au nord-est de l'Inde*, était encore recouverte d'une jungle épaisse au XIXe siècle, lorsqu'elle fut défrichée par des colons anglais : on y avait découvert des théiers sauvages. Elle demeure aujourd'hui l'un des États les moins peuplés de l'Inde, connaissant d'avril à septembre une mousson diluvienne accompagnée de températures s'élevant à 35 °C. C'est dans cette gigantesque serre naturelle, une des plus importantes régions productrices de thé du monde, que s'épanouissent près d'un tiers des thés indiens. Parmi ses deux mille jardins*, les plus réputés ont pour nom Bhooteachang, Dikom Gold, Hattiali, Napuk, Numalighur, Rungagora, etc. La plupart d'entre eux s'étendent sur plusieurs centaines d'hectares, sous de grands arbres d'ombrage. Les théiers de l'Assam, très résistants aux précipitations, donnent de grandes feuilles. Climat, insectes et serpents rendent assez pénibles les travaux dans les plantations, et particulièrement les récoltes (de mai à janvier).

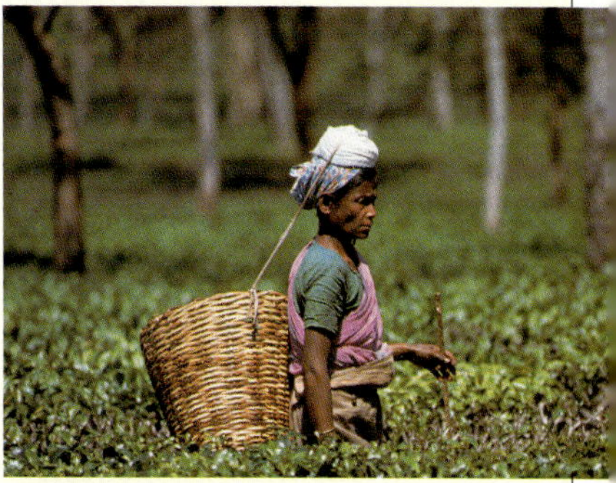

Les jardins de l'Assam offrent des thés puissants, astringents, aux saveurs franches et aux arômes prononcés, qui supportent volontiers un nuage de lait froid. Ces qualités en font la base de tous les mélanges* britanniques traditionnels. AS

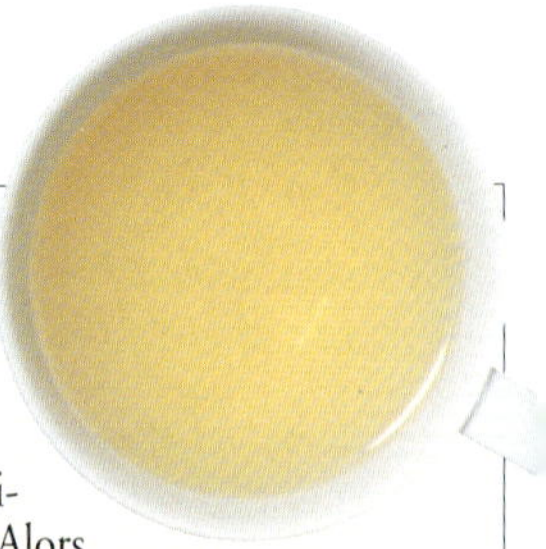

BLANC : UNE SAVEUR CRISTALLINE

Assez rares, les thés blancs sont originaires de la province de Fujian, en Chine*. Ils se distinguent de tous les autres thés – noirs*, verts* ou semi-fermentés* – puisqu'ils ne subissent aucune transformation (voir Fabrication) : une fois cueillis, ils sont simplement séchés. Alors que le Pai Mu Tan reste abordable, le Yin Zhen (« Aiguilles d'argent »), produit en quantité extrêmement limitée, est un des thés les plus chers du monde. Considéré comme un sommet du genre, sa récolte ne s'effectue que deux jours par an et peut être annulée si le vent se lève ou si la pluie survient. La cueillette* dite « impériale » se fait à la main en ne prélevant que les bourgeons de l'arbrisseau. Les feuilles à peine écloses, encore duveteuses et dont la texture est comparable à celle des pétales d'édelweiss, donnent une infusion cristalline, très pâle et d'une saveur rafraîchissante.

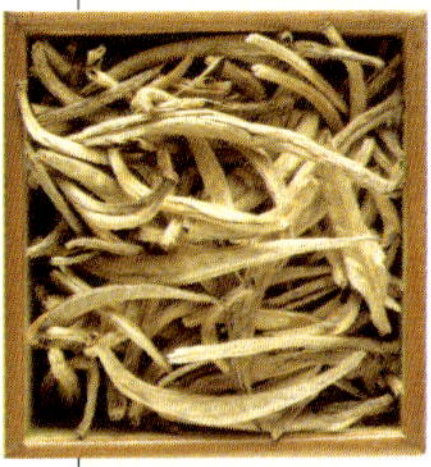

Toutefois, avant d'investir dans ce type de thé, nous conseillons une certaine prudence. Le prix d'achat ne garantit pas forcément la satisfaction que l'on espère y trouver. Le dégustateur occidental, habitué à des saveurs tanniques, peut être déçu par ce breuvage dont il ne saisira pas forcément les subtilités. Avant de s'engager dans cette aventure, mieux vaut s'initier d'abord aux thés semi-fermentés et aux thés verts. CD

Boston Tea Party

En décembre 1773 eut lieu dans le port de Boston un événement qui, en raison de sa tournure spectaculaire et de son caractère symbolique, fut considéré comme le premier acte de la guerre d'indépendance que livrèrent les colons américains à l'Angleterre : l'histoire se souvient de ce jour comme celui de la « Boston Tea Party ».

Depuis le milieu du XVIIIe siècle, les colons de la Nouvelle-Angleterre ressentaient de plus en plus cruellement l'inflation des taxes que leur imposait le gouvernement royal. À Boston, New York et Philadelphie, ports dans lesquels étaient débarquées les marchandises britanniques, commençait à se faire entendre un air de contestation fiscale aux accents patriotiques.

Lorsque le roi George III avalisa, en décembre 1773, les nouvelles mesures douanières sur l'importation du thé *(Tea Act)*

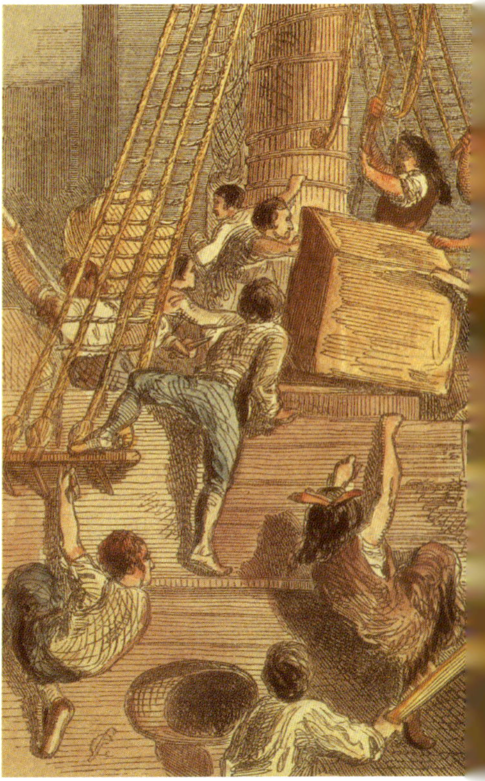

– résolument discriminatoires à l'égard des ports américains –, les colons se sentirent définitivement trahis par la mère patrie. Le thé était alors le troisième produit d'importation après les textiles et les produits manufacturés. Le boycott du thé anglais s'organisa immédiatement. Il culmina le 16 décembre : trois navires de la Compagnie, le *Dartsmouth*, l'*Eleanor* et le *Beever*, bloqués dans le port de Boston depuis plusieurs jours, furent pris d'assaut la nuit par des *patriotes* américains déguisés en Indiens. Au matin, la cargaison de thé fut retrouvée flottant dans les eaux du port.
Quelque temps plus tard, le même scénario se répéta à Charleston, Philadelphie, New York et Annapolis. SMD

Bruce (les frères)

Pendant près de quarante ans, la Compagnie* des Indes orientales ne put s'approvisionner en thé ailleurs qu'à Canton, en Chine*.
Cette situation de monopole commercial – qu'elle infligeait par ailleurs au reste du monde – lui était très inconfortable, car elle la maintenait dans un état de dépendance à l'égard des producteurs chinois. Aussi la Compagnie se réjouit-elle lorsqu'elle reçut, en 1823, le rapport du major écossais Robert Bruce : il venait de découvrir en Assam* – au nord-est de l'Inde* – une variété de thé poussant à l'état sauvage.
En 1833, la Compagnie des Indes orientales perdit son monopole sur le thé. Les clip-

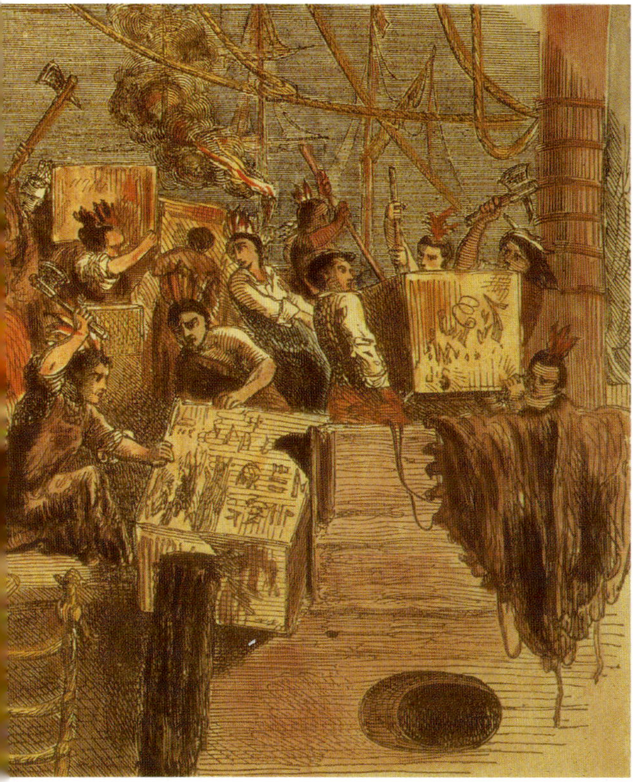

Les patriotes américains prennent d'assaut un navire anglais dans le port de Boston, décembre 1773. Gravure coloriée. Coll. part.

pers* américains commençaient à lui faire une rude concurrence dans le port de Canton. En réaction, le Comité du thé, fondé par Lord Bentick en 1834 – qui rassemblait sept membres de la Compagnie et des notables indiens –, décida l'implantation et la culture du thé en Inde, alors colonie britannique. L'expérience fut menée à partir de plants chinois ; sans réel succès. Parallèlement, Charles-Alexandre, frère de Robert Bruce, fut envoyé en Assam pour tenter la culture du théier indigène. Celui-ci mit quatre ans, dans une jungle hostile et humide, à créer son exploitation. En 1839, le navire *Calcutta* rejoignit Londres avec à son bord plusieurs caisses de thé de l'Assam. Les courtiers de Mincing Lane lui firent un accueil triomphal. L'Empire britannique possédait enfin son propre thé ! SMD

Camellia sinensis

La seule espèce de théier cultivée aujourd'hui est le *Camellia sinensis*, comprenant deux variétés principales, Chine* et Assam*, et de nombreux hybrides. À l'état sauvage, un théier de Chine, très robuste, mesure deux à trois mètres de hauteur et vit plus de cent ans. Un théier d'Assam peut s'élever, quant à lui, jusqu'à vingt mètres, mais ne vit pas plus d'une cinquantaine d'années. Pour faciliter la cueillette*, les théiers cultivés sont toujours taillés à une hauteur comprise entre un mètre et un mètre cinquante. Ils naissent par bouturage dans des pépinières abritées sous des toits de branchages. C'est là qu'ils grandissent durant deux ou trois ans avant d'être transplantés. Les théiers sont des arbustes à feuilles persistantes, d'un vert profond et brillant sur leur face supérieure, plus clair et mat sur leur face inférieure, dentelées et de forme effilée. Leurs petites

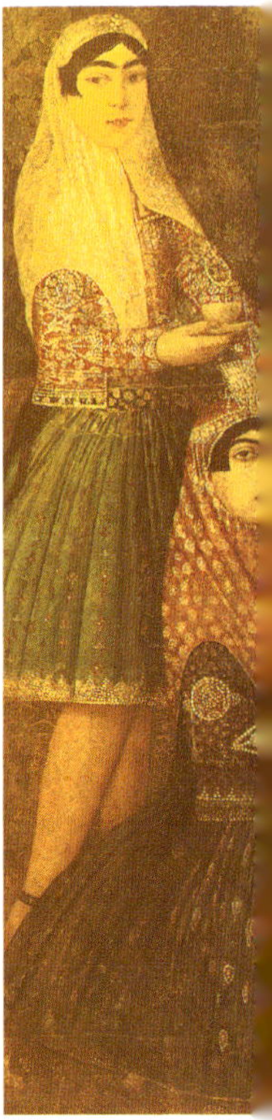

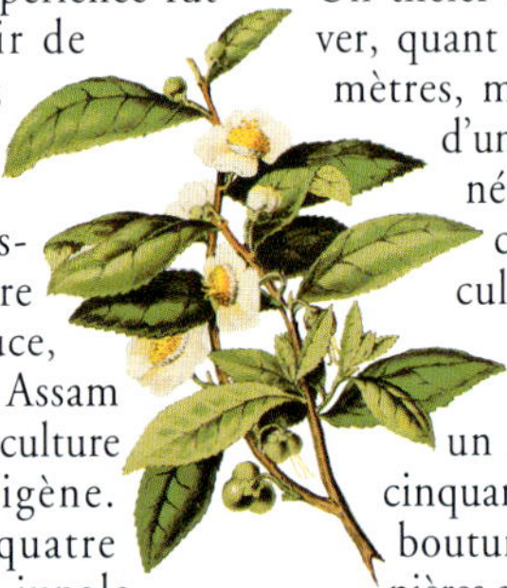

Rameau de théier en fleur. Gravure, 1866. Londres, British Museum of Natural History.

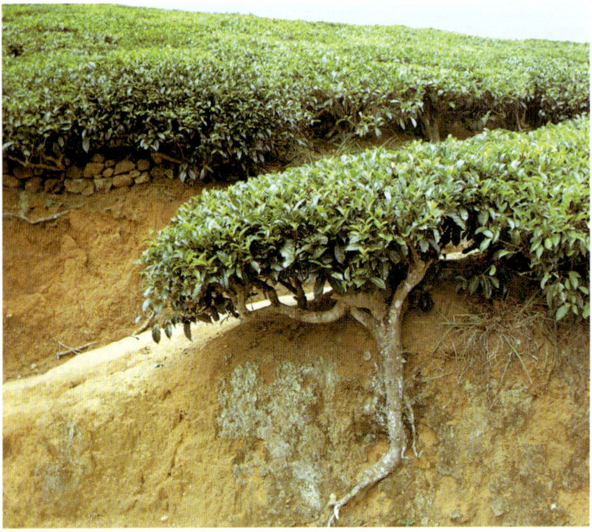

Système radiculaire d'un théier de Ceylan.

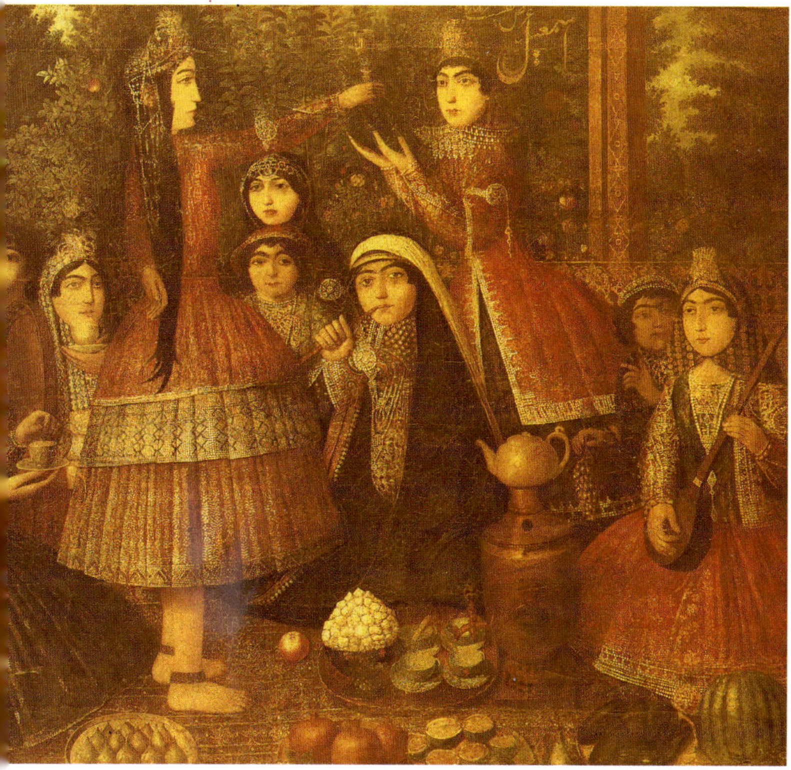

fleurs sont blanches à pistil doré. Les jeunes pousses et les bourgeons sont couverts d'un fin duvet blanc qu'on appelle « Pakho » en chinois, mot qui est à l'origine du terme « Pekoe » (voir Classification). AS

Caravane

La route de la soie, qui dès le Ier siècle de notre ère relia la Chine* à l'Empire romain, fut aussi celle du thé vert*. Dans un premier temps, cette boisson resta à l'usage exclusif des caravaniers qui, çà et là, en introduisirent la consommation le long de leur route vers l'Occident, dans les oasis et dans les caravansérails. À la différence de la soie, des épices et des pierres précieuses qu'ils transportaient, le thé n'était pas recherché en Europe et ne faisait pas, à proprement parler, l'objet d'un commerce, mais peut-être juste d'un troc. Qu'elle empruntât ensuite la route du Caucase vers Byzance, ou bien celle de la Perse pour parvenir en Méditerranée, la longue odyssée des caravanes débutait toujours par la traversée de l'Asie centrale. Aussi, l'Afghanistan fut-il durant des siècles le carrefour privilégié du commerce chinois avec les peuples du Moyen-Orient et, de ce fait, certainement l'un des premiers pays à l'ouest de la Chine à être conquis par le thé qui y est aujourd'hui encore la boisson nationale.

Au IXe siècle, dans ses *Relations de la Chine et de l'Inde*, un commerçant arabe du nom de Süleyman mentionna une « herbe qui a plus de feuilles que le trèfle, un peu plus de parfum aussi, mais est fort amère. On fait bouillir de l'eau que l'on verse dessus ». À partir du XIVe siècle, qui vit l'expansion de l'Empire ottoman, le commerce des caravanes

Assemblée de dames autour d'un samovar, Perse, XIXe siècle. Londres, Victoria and Albert Museum.

Préparation du thé au Japon.

connut un regain d'activité, et avec lui la diffusion du thé. De véritables villes caravanières se développèrent en Asie centrale, telle Ispahan. C'est d'ailleurs sur le rapport d'un Persan nommé Hadji Mohammed qu'en 1529 le Vénitien Giambattista Ramusio mentionna, dans ses *Navigatione e Viaggi*, l'existence d'une herbe à infuser originaire de Chine et totalement inconnue des Européens. SMD

Cérémonie du thé

La cérémonie du thé s'intitule en japonais le *Cha no yu*, ce qui signifie littéralement : « eau chaude [pour le] thé ». D'origine bouddhique, elle devint une cérémonie mondaine vers le XVIe siècle. Aujourd'hui c'est un plaisir raffiné qu'on partage entre amis, ou dont on fait l'hommage à des hôtes de marque. Elle est le reflet de tout un art de vivre japonais, épris d'esthétique et d'austérité zen*. Pratiquée dans les règles de l'art, elle a lieu dans un pavillon réservé à cet usage : le *cha-shitsu.* On y accède généralement par un petit jardin paysager, où une allée sinueuse tient lieu de sentier de montagne. La maison traditionnelle japonaise n'a recours qu'à des matériaux naturels : le bois, le papier des cloisons, la paille de riz des tatamis... Les lignes sobres, l'absence de meuble du *cha-shitsu* évoquent le dépouillement d'une retraite d'ermite. Dans l'alcôve *(tokonoma)*, un rouleau peint *(kakemono)* et quelques fleurs disposées avec naturel *(chabana)* dans un vase ; au centre, un âtre creusé dans le plancher, sur lequel est placée une bouilloire.

Avant la dégustation, une collation légère est servie. Ce n'est qu'après que le Matcha (poudre de thé vert* Gyokuro) est battu avec l'eau chaude : la boisson ainsi préparée s'appelle *koicha.* Les objets utilisés (*cha-wan,* bol à thé en émail ; *cha-ire,* boîte à thé en laque ; *cha-sen,* fouet ; *cha-saku,* cuiller pour doser, etc.) sont nobles par leurs matières, purs dans leurs lignes. Une première fois l'hôte sert un thé fort, la seconde un thé léger.

L'économie des gestes, l'attention aux détails infimes d'un acte simple poussé jusqu'à la perfection, permettent à chacun de faire le calme en soi, et de partager un moment de bonheur contemplatif. Il n'y a lors de la cérémonie ni acteur ni spectateur ; il n'y a que des êtres agissant de concert, l'un pour l'autre, en vue de créer un instant de parfaite harmonie. SMD

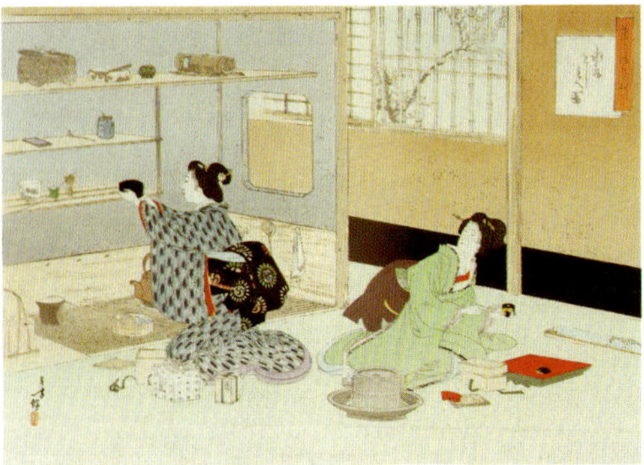

Toshikata, *Mise en place des accessoires pour la Cérémonie du thé,* 1905. Estampe. Londres, Victoria and Albert Museum.

« Fais un délicieux bol de thé. Dispose le charbon de bois de façon à chauffer l'eau. Arrange les fleurs comme elles sont dans les champs. En été, évoque la fraîcheur, en hiver, la chaleur. Devance en chaque chose le temps. Prépare-toi à la pluie. Accorde à chacun de tes invités la plus grande attention. »

Les sept règles du thé selon Sen Rikyû (1522-1591).

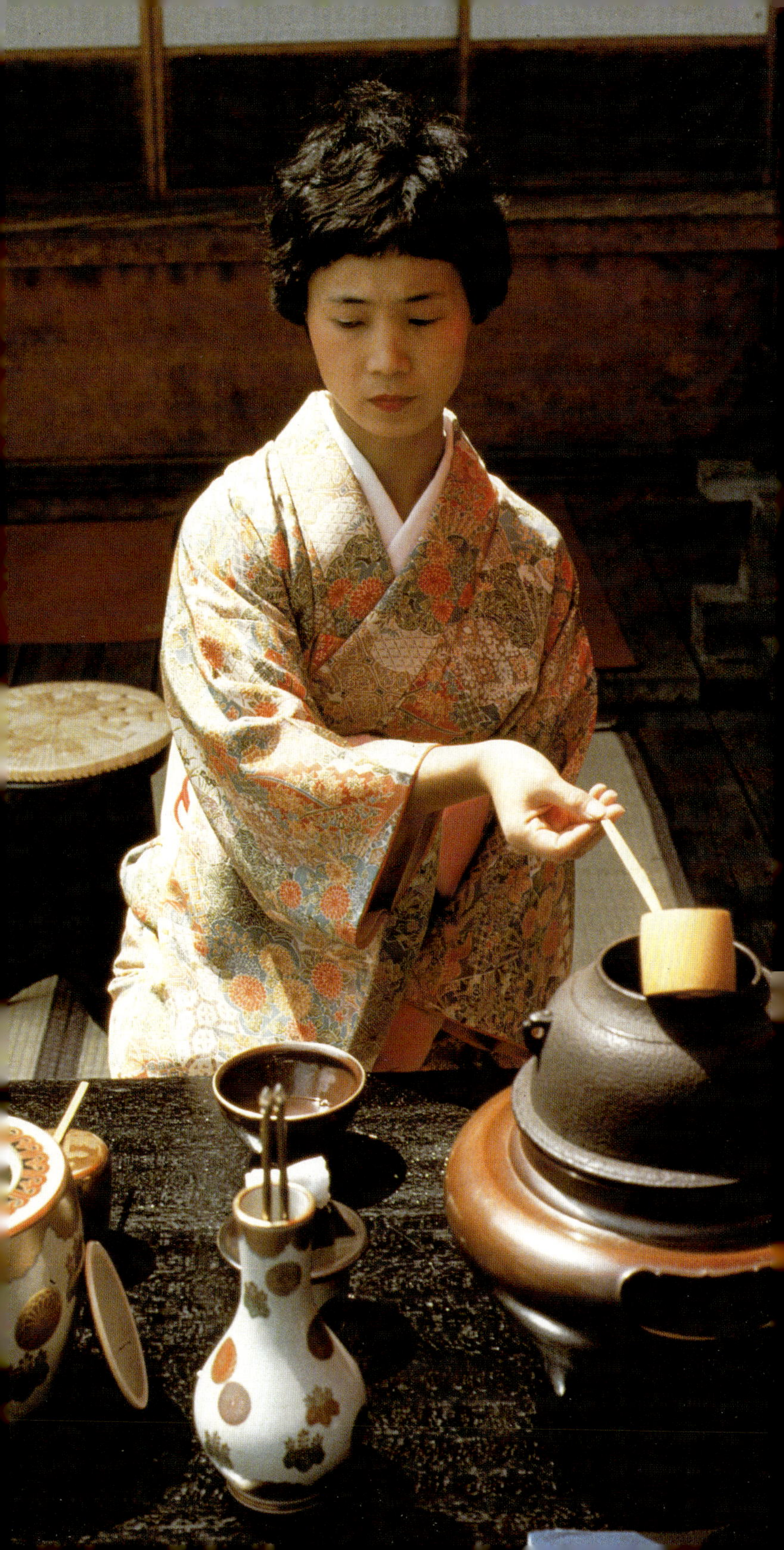

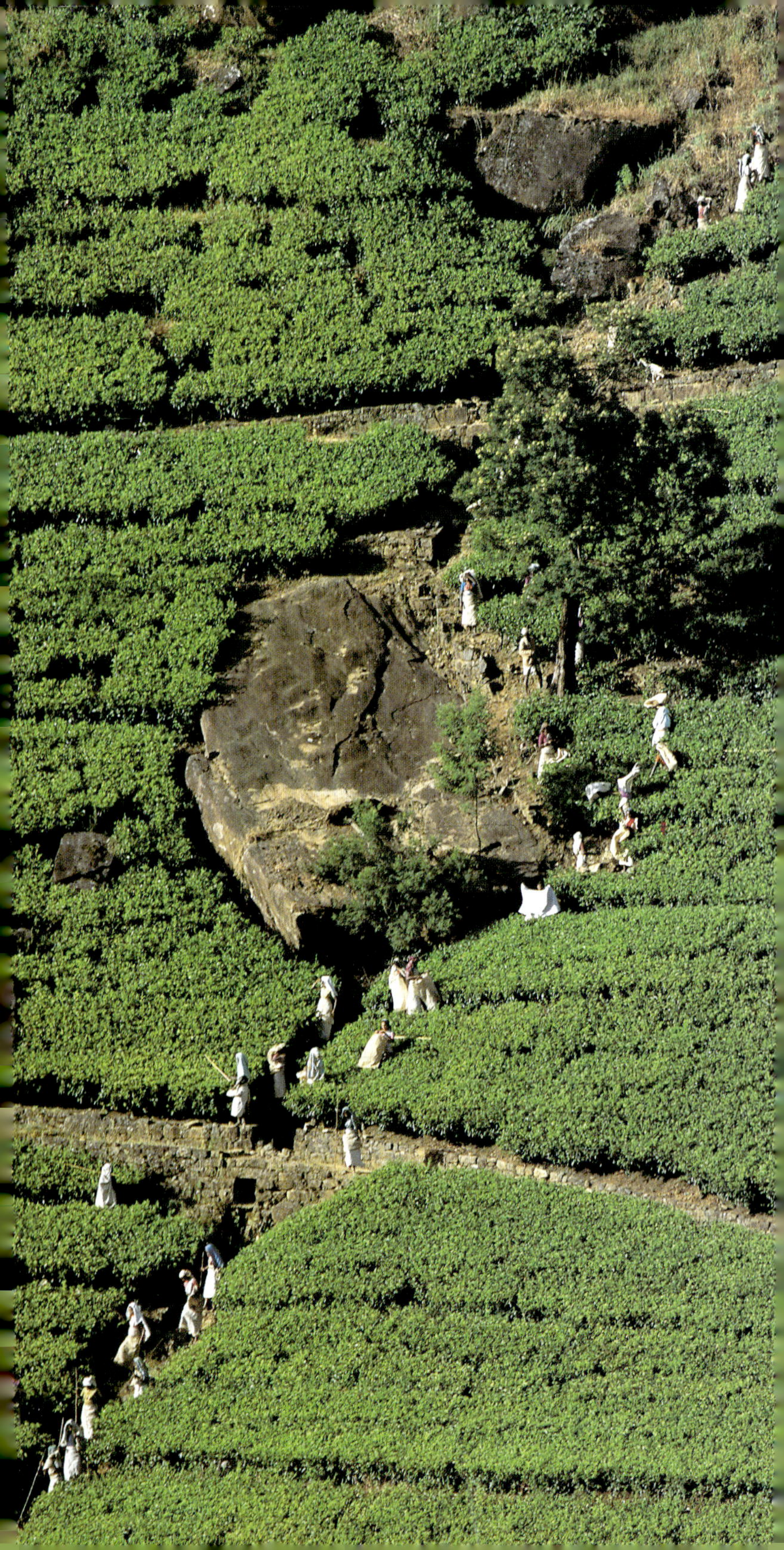

CEYLAN

Les thés de Ceylan (Sri Lanka) ont toutes les raisons de plaire aux Occidentaux puisque, dès l'origine, ils ont été conçus pour eux. Quand l'Empire britannique créa les jardins* de « l'île du Thé », ceux-ci furent d'emblée consacrés – ils le sont encore aujourd'hui – à la production de thés noirs* dont la liqueur ambrée, la saveur ronde et corsée répondaient aux goûts des consommateurs européens. C'est pourquoi ces thés accompagnent volontiers nos petits déjeuners sucrés et les pâtisseries de l'après-midi, tout en s'accommodant fort bien d'un nuage de lait* froid. Autant de qualités qui expliquent le grand succès des exportations de Ceylan, troisième producteur mondial.

Derrière l'appellation commune « thé de Ceylan » se cachent en fait six régions de productions (Dimbula, Galle, Kandy, Nuwara Eliya, Ratnapura et Uva) et de nombreux jardins. Ils ont chacun leur caractère propre et leur saveur particulière. On choisit le plus souvent un Ceylan en fonction de son grade (voir Classification), suivant que l'on désire une infusion plus ou moins sombre et tannique.

Les Flowery Orange Pekoe sont des thés à très belles feuilles entières et bourgeons dorés, issus de la cueillette* la plus fine. Ils donnent une infusion douce, aromatique et parfaite pour l'après-midi. Parmi les jardins produisant d'excellents F.O.P., on peut citer Berubeula et Sam Bohdi.

Les Orange Pekoe, thés à feuilles plus longues mais encore fines, sont eux aussi des thés d'après-midi, d'une saveur plus fruitée que les F.O.P. Ceux issus des jardins de Kenilworth, Neluwa, Pettiagala ou Saint-James sont remarquables.

Les Flowery Pekoe, à la fois corsés et parfumés, sont des thés d'équilibre à déguster le matin comme l'après-midi. Les jardins de Dyraaba ou de Uva Highlands produisent des grands thés de ce type.

Enfin, les Broken Orange Pekoe, à feuilles brisées, et les Broken Orange Pekoe Fannings, à feuilles broyées, sont des thés du matin ou d'après repas, sombres et très corsés. Le nuage de lait, toléré par tous les Ceylan, est ici vivement conseillé. Les jardins d'Uva Highlands et de Saint-James donnent de bons thés dans ces deux catégories. CD

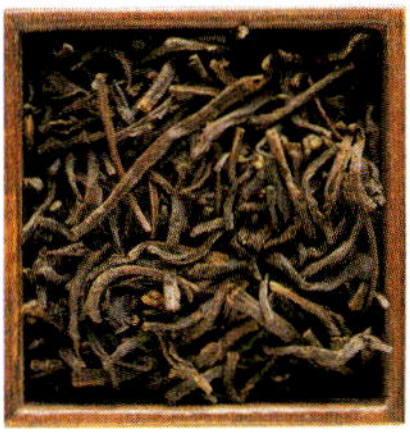

Nuwara Eliya, O.P.

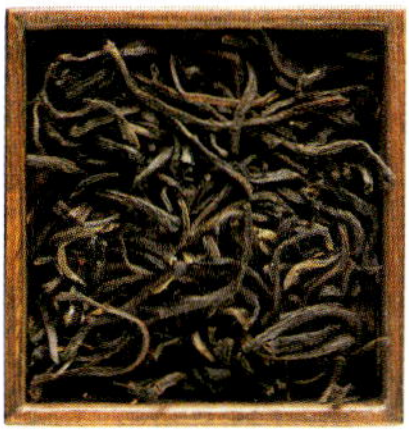

Berubeula, F.O.P.

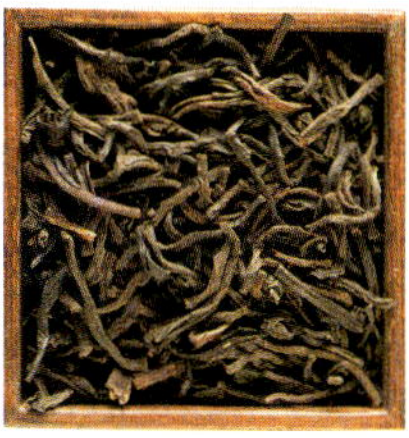

Pettiagalla, O.P.1

Jardin de thé de Nuwara Eliya.

CHINE

L'appellation « thé de Chine », utilisée sans autre précision par certains industriels et salons* de thé pour désigner un thé noir fumé* du Fujian, entretient depuis longtemps une regrettable confusion. Cette variété ne représente en effet qu'une infime partie de l'immense production* chinoise, aujourd'hui la seconde du monde. Il existe plus de jardins* de thé en Chine qu'il n'y a de vins en France : une infinité de thés, qui peuvent être blancs*, verts*, semi-fermentés* ou noirs*. Il est vrai que beaucoup nous sont encore inconnus, puisque réservés à la consommation locale. Toutefois, les négociants proposent aujourd'hui suffisamment de choix pour nous laisser entrevoir d'exceptionnelles richesses... Précisons qu'à quelques rares exceptions, les thés de Chine ne supportent ni sucre* ni lait*.

Les thés blancs (« Aiguilles d'argent », Pai Mu Tan) restent une curiosité réservée aux initiés. Rares, et parfois fort chers, ils requièrent un palais exercé.

Les thés verts de Chine sont parmi les meilleurs du monde. Le Shi Feng (« Pic du lion »), réputé pour sa délicatesse, le Dong Yang Dong Bai, subtilement fleuri, ou le fameux Pi Lo Chun (« Spirale de jade du printemps ») sont des thés d'exception, chers, et qu'on ne trouve que chez les meilleurs détaillants. Plus abordables sont le Lung Ching (« Puits du dragon »), qui a la réputation de chasser la fatigue ; le Gu Zhang Mao Jian, au parfum de terre mouillée, le Xia Zhou Bi Feng, aux notes végétales, et le Ping Cha. Ce sont tous des thés de la journée, suaves et désaltérants.

Les thés semi-fermentés (Oolong) restent peu exportés, peut-être parce que leur saveur boisée est aux antipodes du goût tannique popularisé par les Britanniques en Occident. Le plus facile à trouver est le Ti Kuan Yin, très fin thé du soir.

Les thés noirs, enfin, qui sont plus faibles en théine* que ceux d'Inde, sont probablement ceux qui nous sont les plus familiers. Parmi les thés noirs non fumés, on distingue les Keemun, renommés pour leur parfum d'orchidée, d'une saveur délicate et sucrée, parfaits pour l'après-midi ; et les Yunnan, qui ont le privilège d'allier, ce qui est assez rare, parfum et puissance, d'où leur surnom de « Moka du thé » et leur exceptionnelle affinité avec les petits déjeuners sucrés – ce sont les seuls thés chinois qui supportent un nuage de lait. Les Lapsang Souchong illustrent la fameuse variété des thés fumés, particularité qui leur permet d'accompagner les plats salés et légèrement épicés. CD

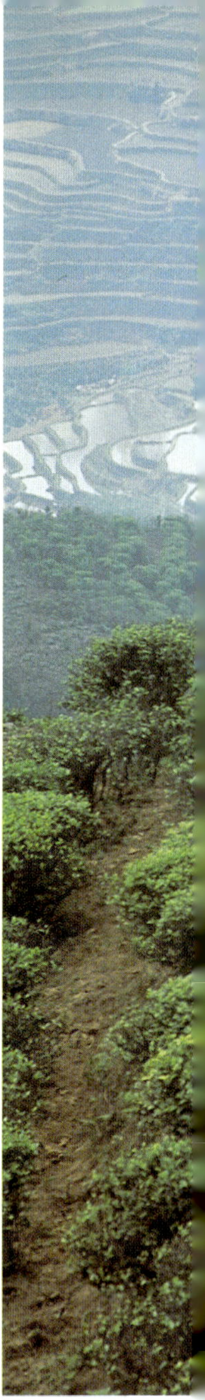

Jardin de thé du Yunnan

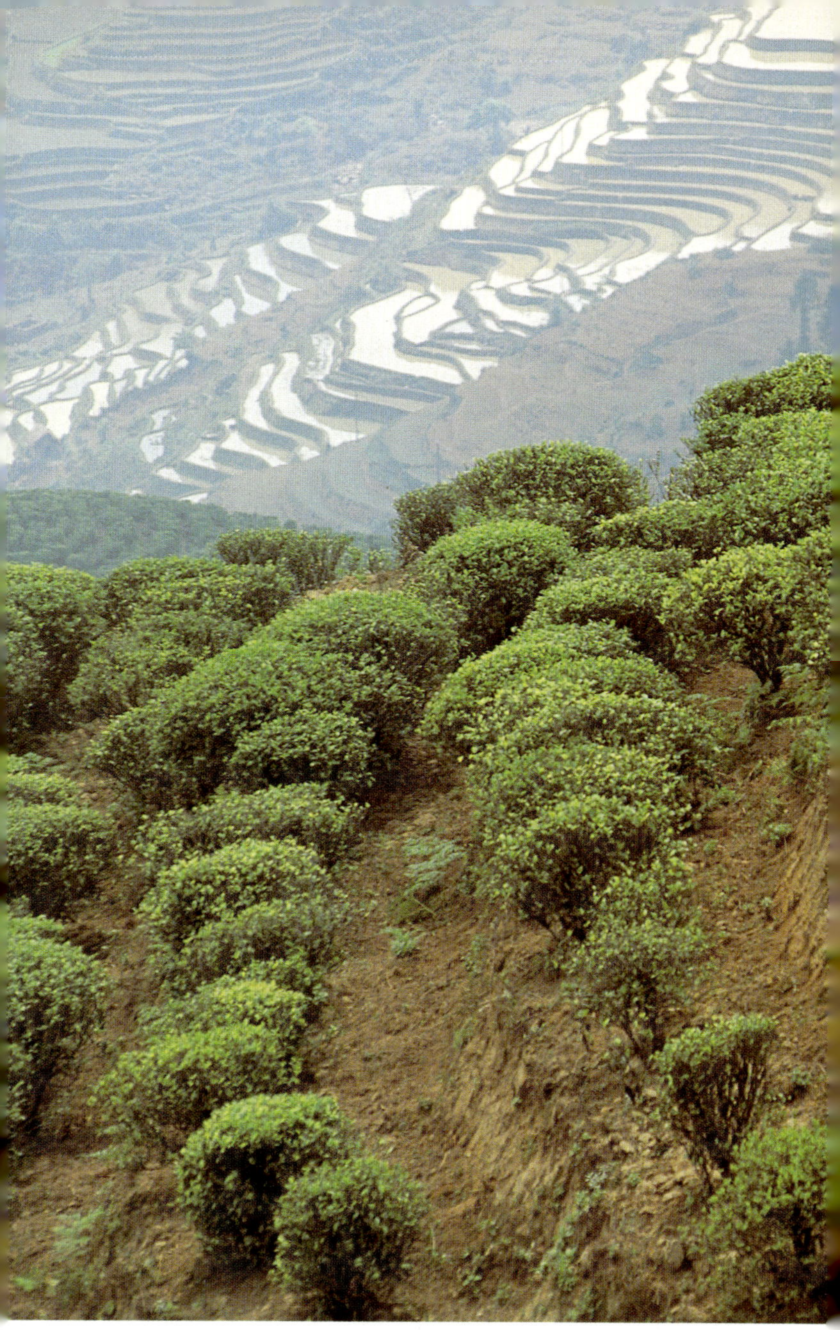

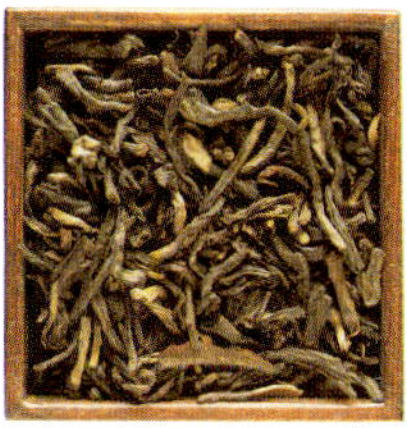

Yunnan impérial, T.G.F.O.P.

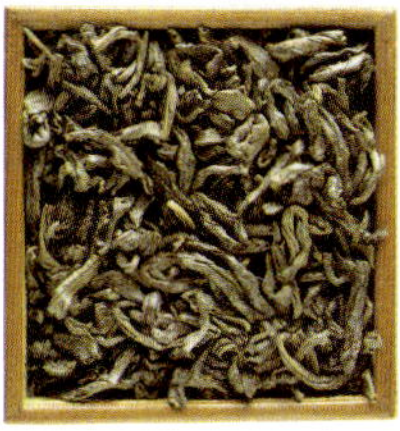

Hyson

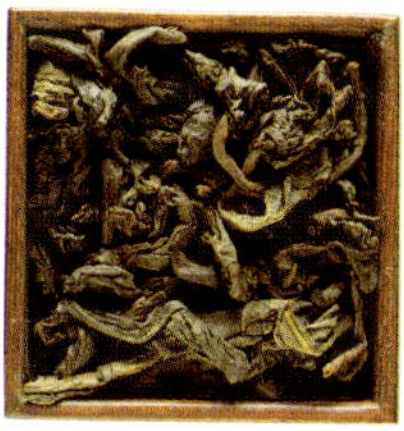

Kwai Flower

« Je ne m'intéresse nullement à l'immortalité, mais seulement au goût du thé. »

Lu T'ung, poète chinois du VIIIe siècle.

À droite : Plantation de thé entre Kerala et Tamilnago, Inde.

Citron

Pour un connaisseur, il est totalement inconcevable d'ajouter ne serait-ce qu'une infime rondelle ou une seule goutte de citron dans une tasse de thé. La raison en est simple : cet agrume, en soi très estimable, possède, outre le défaut de métamorphoser de façon criarde la couleur du thé, la fâcheuse propriété de dénaturer complètement sa saveur (ce qui n'est pas le cas de l'orange).
Citronner un subtil thé vert serait donc un véritable sacrilège, et un bon thé noir, même puissamment corsé, pour l'adoucir, une incongruité. Mais il n'est pas interdit, en ajoutant une rondelle de citron à un très grossier thé noir, de composer un breuvage qui ne s'appellerait plus « thé ». La pratique est d'ailleurs assez courante en Europe de l'Ouest, et particulièrement en France. Ajoutons pour l'anecdote que la sensation de fraîcheur procurée par le citron s'associe bien, pour certains, au thé glacé*.
Et que le citron entre dans quelques recettes de boissons assez étranges contenant du thé, comme certains grogs. AS

Climat

Les théiers aiment les climats tempérés mais très humides, connaissant une pluviosité d'environ 2 000 mm par an. Exigeant en outre un ensoleillement moyen de cinq heures par jour, ils s'épanouissent donc avec bonheur dans les régions bénéficiant de journées ensoleillées suivies par des nuits pluvieuses... Ils apprécient les vents frais d'altitude et les sols meubles, profonds et, de préférence, acides. Les meilleurs crus naissent toujours à haute altitude.

Ord, T.G.F.O.P. Terai (Inde).

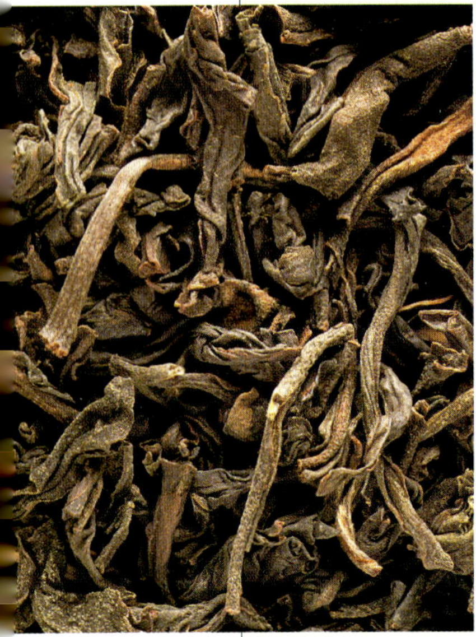

CLASSIFICATION :

Concernant les thés noirs*, les professionnels ont adopté une classification par « grades » des feuilles, qui correspond à une hiérarchie de goûts plus ou moins corsés.
Parmi les thés noirs en feuilles entières, la qualité la plus subtile est le F.O.P. ou Flowery Orange Pekoe. Le mot Pekoe vient du chinois *Pak-ho* qui désigne les cheveux du nouveau-né et, par association, le bourgeon encore duveteux. « Orange » n'est pas une indication d'arôme ou de couleur, mais le nom que prirent les Nassau quand ils devinrent princes d'Orange ; c'est une notion de qualité probablement introduite par les marchands néerlandais. Les thés F.O.P. sont issus d'une cueillette* fine et précoce, uniquement composés des bourgeons non éclos et des deux feuilles qui

Près de quarante pays, situés sur tous les continents excepté l'Europe, offrent aujourd'hui au théier de plus ou moins idéales conditions de culture. Le premier d'entre eux est l'Inde*, dont les prestigieux crus croissent essentiellement dans le Nord-Est du pays : sur les montagnes de Darjeeling* et dans la vallée très humide du Brahmapoutre, en Assam*. En Chine*, second producteur mondial, le thé est cultivé surtout dans les régions montagneuses, souvent couvertes de brouillards, du Centre et du Sud : les provinces du Yunnan, du Szechwan, de Zhejiang, d'Anhui, etc. Sur l'île de Ceylan* (Sri Lanka), troisième producteur mondial, les plantations occupent les hauts plateaux du Sud, étagés entre 600 et 2 500 mètres, et subissent l'influence de deux moussons. Le thé est cultivé également sur les hautes terres du Japon*, de Formose* et du Kenya*. AS

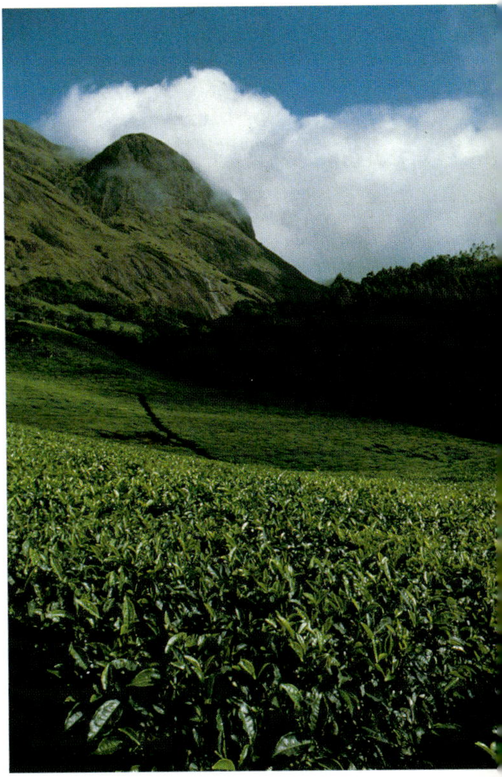

DÉCRYPTER LES CARACTÈRES DES THÉS NOIRS

suivent. Les feuilles du F.O.P., très finement roulées dans le sens de la longueur, sont parsemées de *tips* dorés qui sont les pointes extrêmes des bourgeons. Plus il y a de *tips*, plus la qualité est raffinée et le prix élevé : on trouve ainsi des Golden Flowery Orange Pekoe (G.F.O.P.), Tippy Golden Flowery Orange Pekoe (T.G.F.O.P.), Finest Tippy Golden Flowery Orange Pekoe (F.T.G.F.O.P.), et Special Finest Tippy Golden Flowery Orange Pekoe (S.F.T.G.F.O.P.). Tous ces F.O.P., quelle que soit l'appellation d'origine, ne donnent pas des infusions très corsées, mais très aromatiques, des thés parfaits pour l'après-midi, comme d'ailleurs les Orange Pekoe (O.P.) qui résultent d'une cueillette fine mais plus tardive (à ce stade de maturation, il n'y a plus de *tips*).

Ceux qui aiment les thés puissants et tanniques au petit déjeuner devront plutôt choisir un thé noir en feuilles brisées. Les meilleurs, Broken Orange Pekoe (B.O.P.), Flowery Broken Orange Pekoe (F.B.O.P.), Golden Broken Orange Pekoe (G.B.O.P.) et Tippy Golden Broken Orange Pekoe (T.G.B.O.P.), sont des brisures de thés de qualités supérieures et peuvent contenir des *tips*.

Enfin, les Dust ou les Fannings (thés à feuilles broyées), qui sont en général présentés en sachet, donnent une liqueur encore plus forte et consistante.

Cette classification par grades ne vaut que pour les thés noirs de goût occidental (Inde*, Ceylan*, etc.). En effet la plupart des thés de Chine* étant des F.O.P., G.F.O.P. ou T.G.F.O.P., leur grade n'est pas précisé. CD

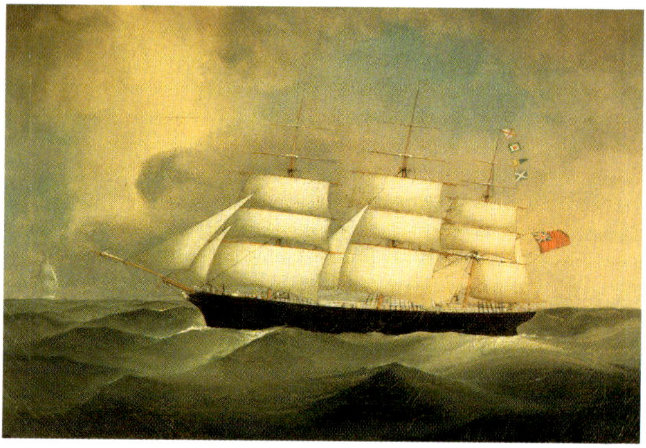

École anglaise du XIXe siècle, *Clipper*. Londres, Bonham's Gallery.

Clipper

Les amateurs de régates savent-ils qu'en contemplant dans le port de Londres le balancement nostalgique de l'étrave élancée du *Cutty Sark*, ils admirent l'un des derniers vestiges des fameux *Tea Clippers* ?

Au début du XIXe siècle, le thé était acheminé de Canton jusqu'à Londres par de lourds navires pansus, conçus pour accueillir le plus possible de marchandises, les *Indiamen*. Ces derniers mettaient cent dix jours minimum pour rallier l'Angleterre en contournant les côtes de l'Afrique. Tant que la Compagnie* des Indes posséda le monopole du commerce du thé, ces longs délais n'étaient pas préoccupants. C'est la perte de cette exclusivité, en 1834, qui décida les armateurs à opter pour des navires plus rapides, les clippers, voiliers à la ligne racée, très toilés et « bons marcheurs ».

Lorsque le clipper américain *L'Oriental* accomplit pour la première fois le trajet qui séparait les docks de Canton de ceux de Londres en seulement quatre-vingt-quinze jours, la preuve fut faite de l'efficacité de ces navires taillés pour la course. Sa cargaison étant alors la seule sur le marché, ses armateurs réalisèrent un bénéfice de 30 % supérieur au gain habituel.

En 1886 eut lieu une course mémorable : onze clippers prirent le départ du port chinois de Fuzhou, le 28 mai. Trois mois plus tard, les deux premiers navires à pénétrer dans le port de Londres n'étaient distants que de quelques minutes ; le troisième arriva quelques

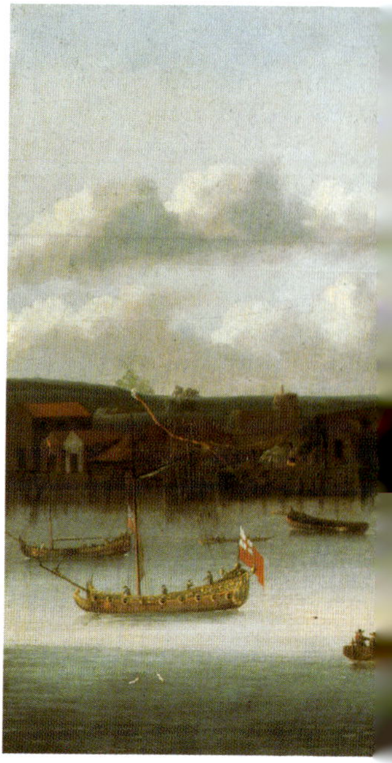

heures plus tard, et les suivants quelques jours après... Mais l'ouverture du canal de Suez, en 1869, et l'apparition des *steamers,* dans les années 1870, mirent progressivement un terme à cette époque héroïque. SMD

Compagnie maritime

À la fin du XVIIe siècle, l'Angleterre, la France* et la Hollande se livrèrent une véritable guerre commerciale sur mer. L'ère des empires coloniaux fut aussi celle des compagnies de navigation. En s'entichant des produits exotiques, l'Europe avait placé le négoce maritime au cœur d'enjeux financiers et politiques considérables.

Si la domination de l'océan Atlantique avait pour enjeu l'approvisionnement en sucre, l'océan Indien celui des épices, la guerre du thé se livra dans une zone encore plus circonscrite : jusqu'au XIXe siècle, les Occidentaux ne pouvaient s'approvisionner en thé ailleurs qu'à Macao et Canton, en Chine*, ou à Deshima, au Japon*, car ces pays en étaient alors les seuls producteurs. La Vereeningde Oostindische Compagnie, fondée en 1602, avait son siège à Amsterdam ; la Compagnie française des Indes orientales, fondée en 1664, était établie à Lorient et Nantes ; enfin, l'East India Company, fondée en 1599, était domiciliée à Londres. Toutes trois n'avaient de cesse de contracter des accords commerciaux ou d'établir des comptoirs en Extrême-Orient.

Les Hollandais furent les premiers, en 1606, à importer du thé en Europe* ; suivis en 1657 par les Anglais, puis en 1700 par les Français. Ce furent les Anglais, et de loin, qui tirèrent le mieux leur épingle du jeu en obtenant le quasi-monopole des exportations à partir de Can-

Navire de l'East India Company en cour d'armement dans un chantier de la Tamise, v. 1660. Londres, National Maritime Museum.

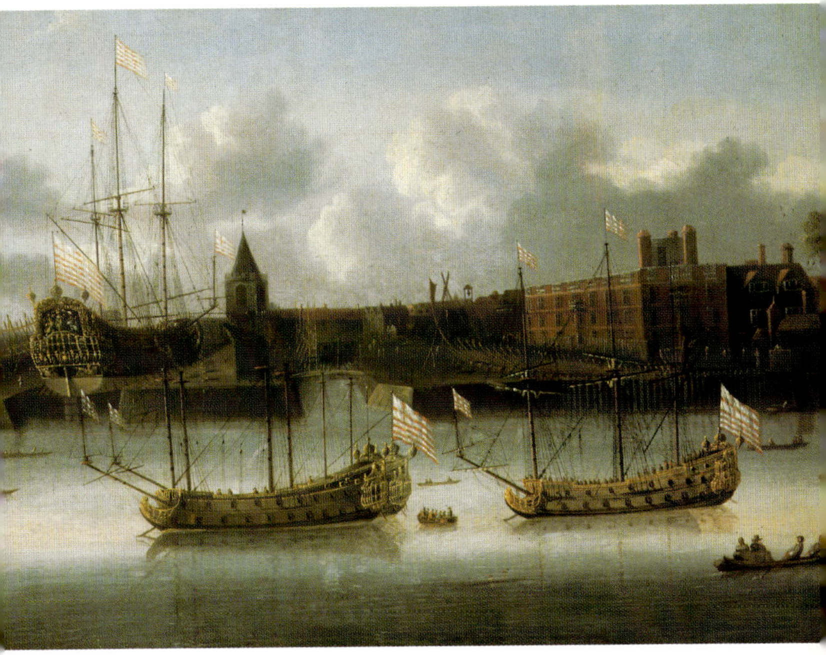

ton. Mais la Chine, se méfiant de l'expansionnisme européen, limitait les échanges, les taxait, et s'en remettait à l'une des douze associations officielles de commerce pour les tractations avec les « Barbares ».

L'Angleterre trouva une autre source de bénéfice commercial, celui-ci illégal, avec la vente de l'opium provenant de ses colonies indiennes : elle en inonda la Chine, renversant la balance des paiements à son profit et affaiblissant d'autant l'Empire millénaire, tant du point de vue économique qu'humain, puisque le nouveau vice touchait surtout la classe dirigeante.

En 1834, l'East India Company avait perdu son monopole sur le thé de Chine mais réalisait d'énormes gains avec près de 2 000 tonnes d'opium expédiées par an. SMD

Composition

La feuille de thé fraîchement cueillie contient environ 80 % d'eau. Un peu moins de la moitié des 20 % restants, non soluble dans l'eau, ne sera pas absorbée avec l'infusion : de la résine, de la chlorophylle, de l'amidon et certains sels. La part soluble, quant à elle, se compose pour un quart de tanins et, second composant par ordre d'importance, de théine*. Excellent pour la santé*, le thé contient en outre des vitamines A, B, P et surtout E, semble-t-il efficace contre le vieillissement des cellules.

Une tasse de thé est également riche en éléments minéraux, en particulier en fluor (elle en contient environ 0,3 milligrammes), qui combat efficacement la carie dentaire. On y trouve aussi des traces de fer, de cuivre, de potassium, de calcium, de magnésium, d'aluminium, de nickel, de zinc et de sodium. AS

Comptoir

En 1577, les Portugais fondèrent en Chine* le comptoir de Macao, d'où ils auraient pu dominer le commerce sino-européen, en particulier celui du thé. Mais le port mitoyen de Canton, où s'effectuait l'ensemble des transactions avec les marchands chinois, leur fut interdit en raison des nombreuses exactions auxquelles ils s'y étaient livrés. Ils ne réussirent pas davantage au Japon*

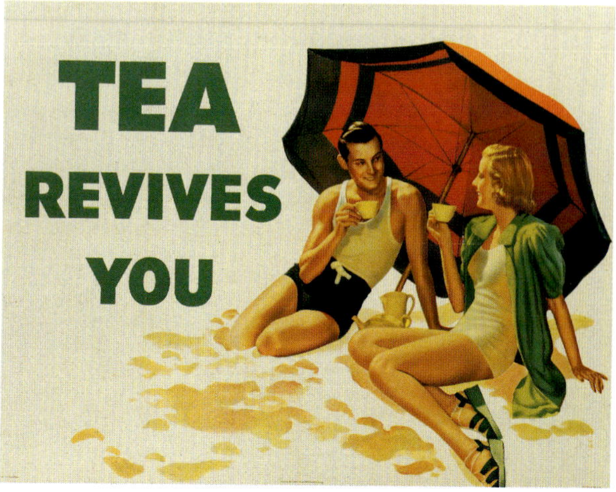

Tea revives you. Poster. Londres, Victoria and Albert Museum.

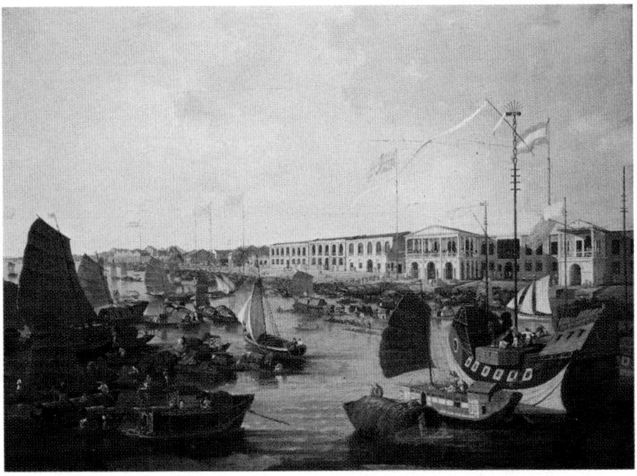

William Daniell, *Les Factoreries de Canton*, v. 1785. Londres, National Maritime Museum.

où, une fois encore, ils furent les premiers installés : le zèle de leurs pères jésuites, avides de conversions, et la part trop importante qu'ils voulurent prendre dans les affaires intérieures de l'archipel fournirent des arguments à leurs concurrents hollandais et aux Japonais pour les en chasser en 1638.
Les Hollandais s'installèrent donc à leur place dans l'île de Deshima. Il s'agissait en fait d'une île artificielle du port de Nagasaki, créée en 1634 afin d'y accueillir les étrangers, ceux-ci ayant perdu le droit de pénétrer au Japon.
De même, les compagnies* européennes n'étaient que tolérées à Canton. Au milieu du XVIIIe siècle, l'East India Company possédait certes une flotte de plus de cent vaisseaux et des bureaux superbes au cœur de Londres, mais le revers de cette brillante vitrine était plutôt sinistre. En 1792, Lord Macartney brossa le sombre tableau de la vie à Canton : les *factoreries*, pressées les unes contre les autres, étaient infestées par les rats ; les Européens vivaient dans un véritable ghetto et tout contact avec les Chinois leur était interdit. SMD

Conditionnement

En matière de conditionnement du thé, il est une règle absolument incontournable : les meilleurs thés sont toujours vendus en vrac, placés dans des boîtes métalliques ou des paquets bien hermétiques.
Pour plusieurs raisons, l'autre manière aujourd'hui très répandue de vendre le thé, dans des petits sachets en papier contenant une dose individuelle, n'est utilisée que pour les produits de moindre qualité. La taille même de ces petits sachets exclut la possibilité d'y insérer des feuilles entières, et implique donc l'usage exclusif de feuilles très finement broyées, donnant un thé plus corsé et amer.
Pour pallier ces défauts, et permettre néanmoins la préparation simple d'un bon thé en pique-nique ou au bureau, les bonnes maisons de thé proposent des sachets individuels en mousseline de coton, de plus grande taille et cousus à la main. La mousseline ne compromet pas la qualité du thé, et la fabrication manuelle des sachets, qui ne risque pas d'écraser les feuilles, permet d'y renfermer d'excellents crus. AS

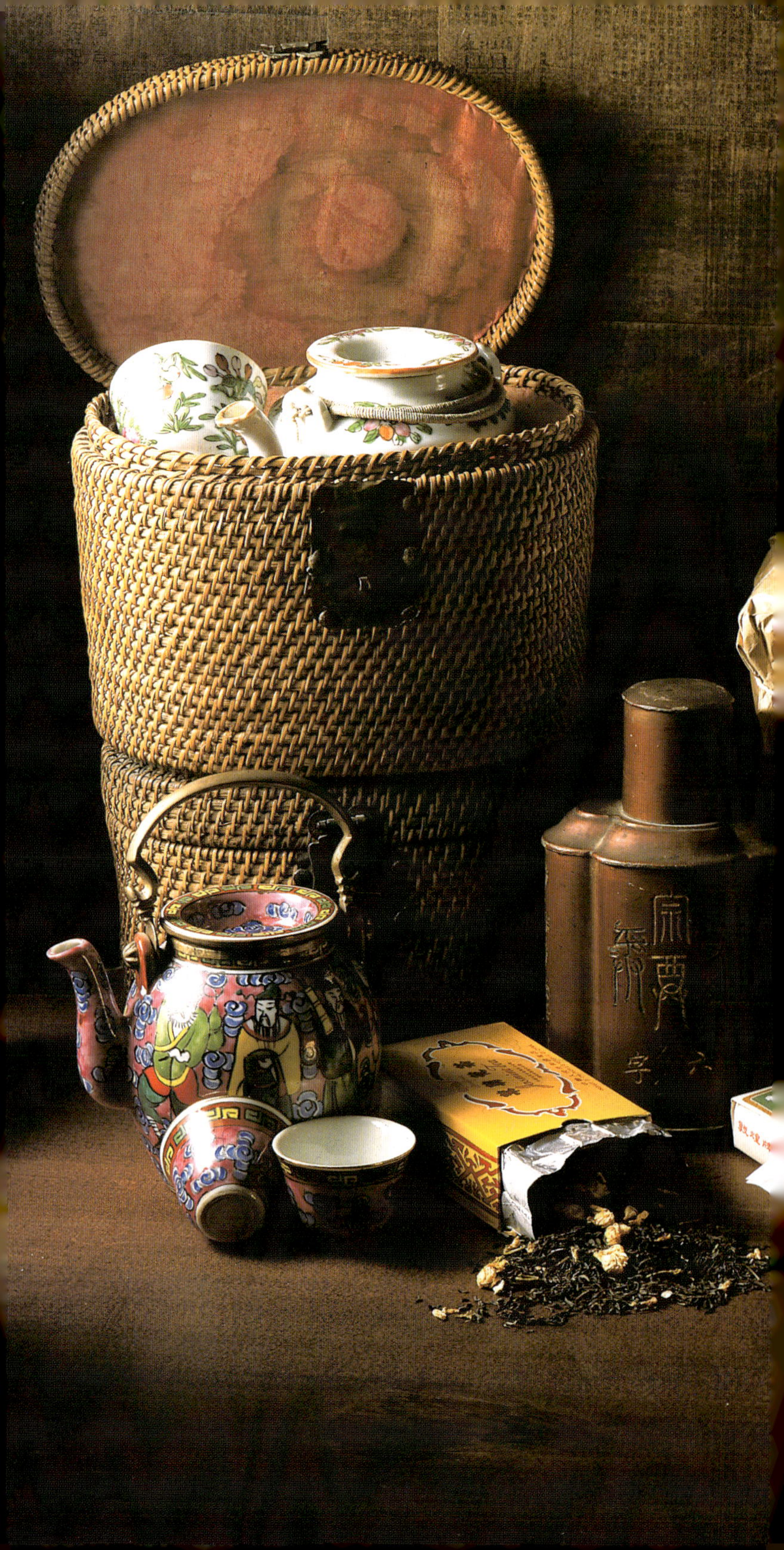

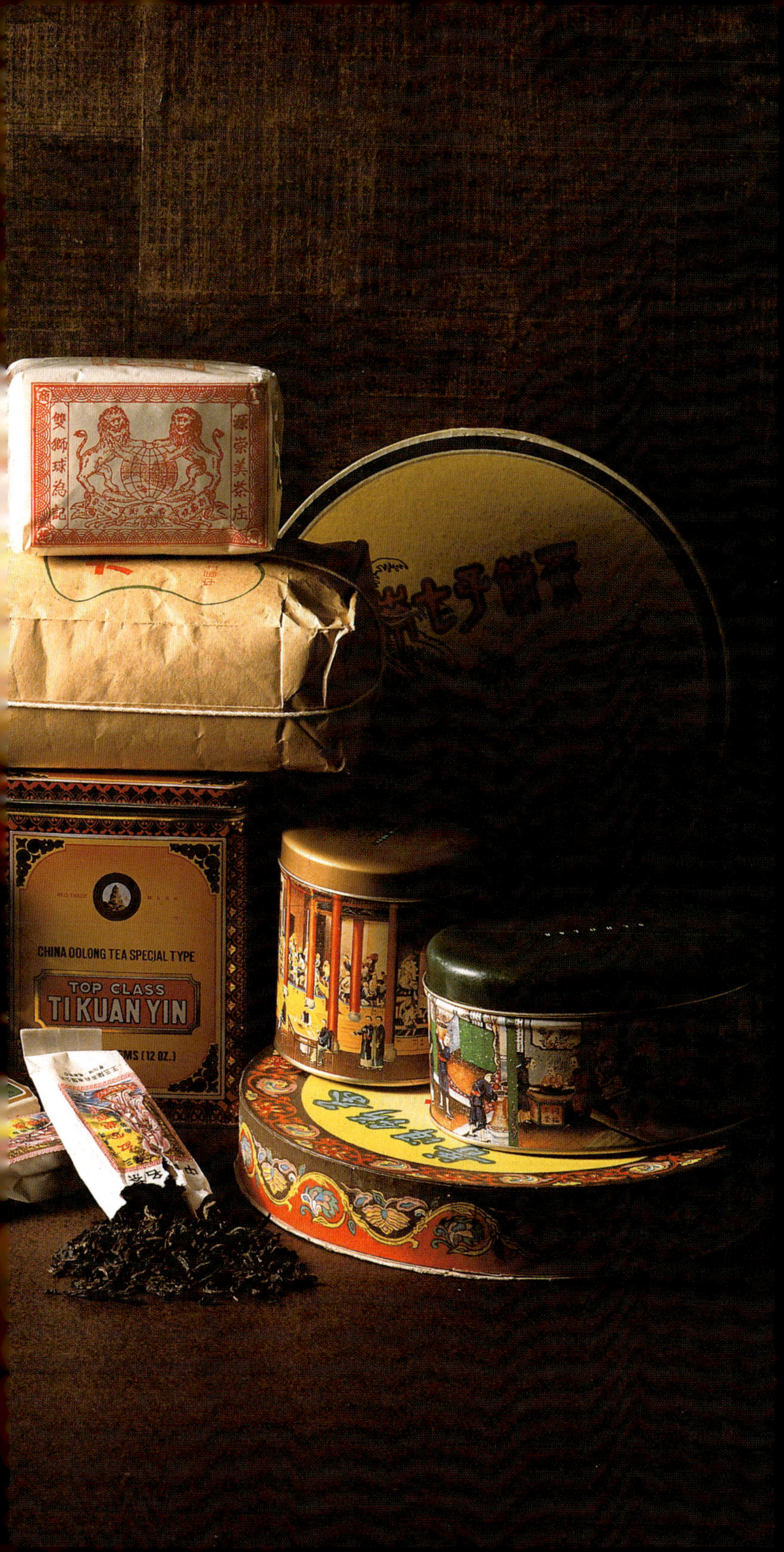
CHINA OOLONG TEA SPECIAL TYPE
TOP CLASS
TI KUAN YIN

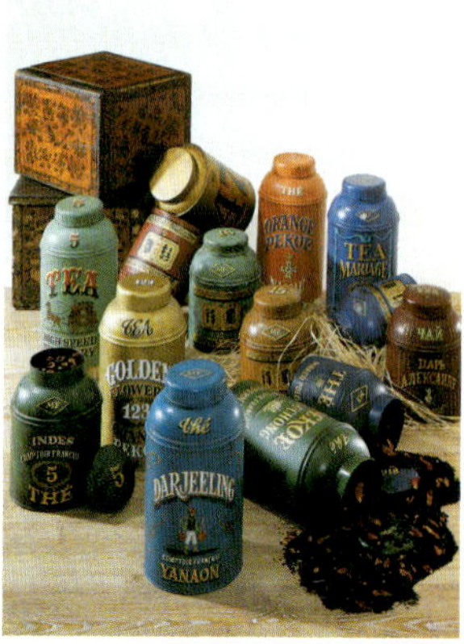

Boîtes de marchands de thé, XIXe siècle. Réédition. Paris, Mariage Frères.

Conservation

Délicat produit végétal, souvent à peine transformé, le thé est fragile. Toute la subtilité de ses saveurs est hélas éphémère. Ses principaux ennemis sont l'air, l'humidité, les odeurs, la lumière, la chaleur. Aussi la meilleure façon de le conserver est de le placer dans un récipient absolument hermétique, opaque et inodore : une classique boîte en métal, ou un pot en céramique par exemple. Il convient naturellement d'éviter de placer un thé léger au goût très subtil dans un récipient venant de contenir un thé fumé ou aromatisé.

Dans les climats chauds, il est préférable de placer la boîte hermétique au réfrigérateur (ce que font couramment les Japonais). Ces précautions étant prises, tous les thés, y compris les thés verts* et semi-fermentés*, plus « fragiles », peuvent se conserver plusieurs mois.

Néanmoins, il est à la fois plus simple et plus judicieux de se réapprovisionner fréquemment et en petites quantités auprès des grandes maisons, dont les stocks sont régulièrement renouvelés. AS

Consommation

On aime le thé dans tous les pays du monde, et l'on estime à 1 000 milliards le nombre de tasses bues par an. Avec une consommation annuelle de 3,17 kg par personne, la république d'Irlande (Eire) détient le record mondial, immédiatement suivie par le Royaume-Uni (2,62 kg par personne et par an), le Qatar (2,31 kg) et la Turquie (2,15 kg). La Chine* se trouve sans doute dans ce peloton de tête, mais on en ignore les chiffres exacts. Entre 2 et 1 kg par an et par habitant, on trouve, par ordre décroissant : le Koweit, Hong-Kong, l'Iran, la Syrie, la Tunisie, Bahreïn, la Nouvelle-Zélande, le Sri Lanka (Ceylan*), l'Égypte, le Maroc et le Japon*.

On le voit, les plus gros buveurs de thé sont le Royaume-Uni et les États issus de l'ancien Empire britannique ; la Chine,

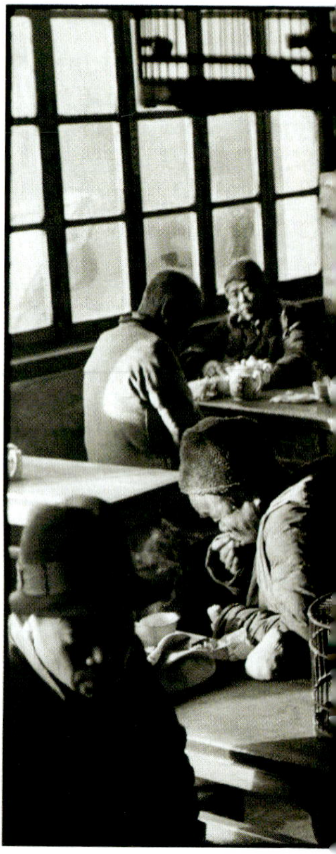

berceau du thé, et le Japon ; et enfin les pays de l'aire arabo-musulmane, autrefois sous influence britannique. En France, la consommation de thé reste encore le plus souvent le fait des femmes ; bien qu'elle ne cesse de croître, elle se limite néanmoins à environ 210 grammes de thé par personne et par an. AS

Corée

Pays charnière entre la Chine* et le Japon*, la Corée cultive un très suave thé vert*.

Ce serait un ambassadeur du roi de Corée auprès de la cour des Tang qui aurait rapporté à son souverain, au début du IXe siècle, un plant de thé chinois. Celui-ci aurait été à l'origine des plantations sur les montagnes méridionales de Chirisan. Le thé allait bientôt occuper une place considérable dans la culture et l'art de vivre coréens. À la fin de l'époque de Silla (Xe siècle), une initiation rituelle à l'art du thé était dispensée aux adolescents, dans des petits pavillons destinés à cet usage, isolés dans les montagnes. Plus tard, il devint courant d'ajouter un peu de ginseng aux feuilles de thé.

La célébration du thé est l'un des thèmes récurrents de la célèbre *Tripitaka Koreana*, bibliothèque du temple bouddhique de Hae-In, constituée de plusieurs dizaines de milliers de tablettes en bois gravées et datant de 1236. AS

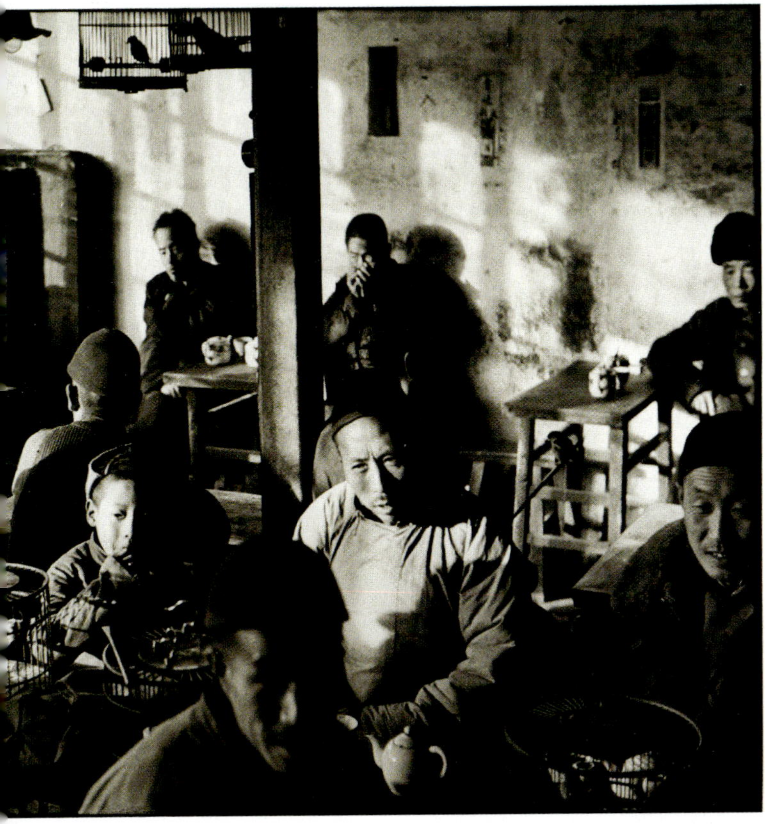

Maison de thé à Pékin. Photographie d'Henri Cartier-Bresson, 1948.

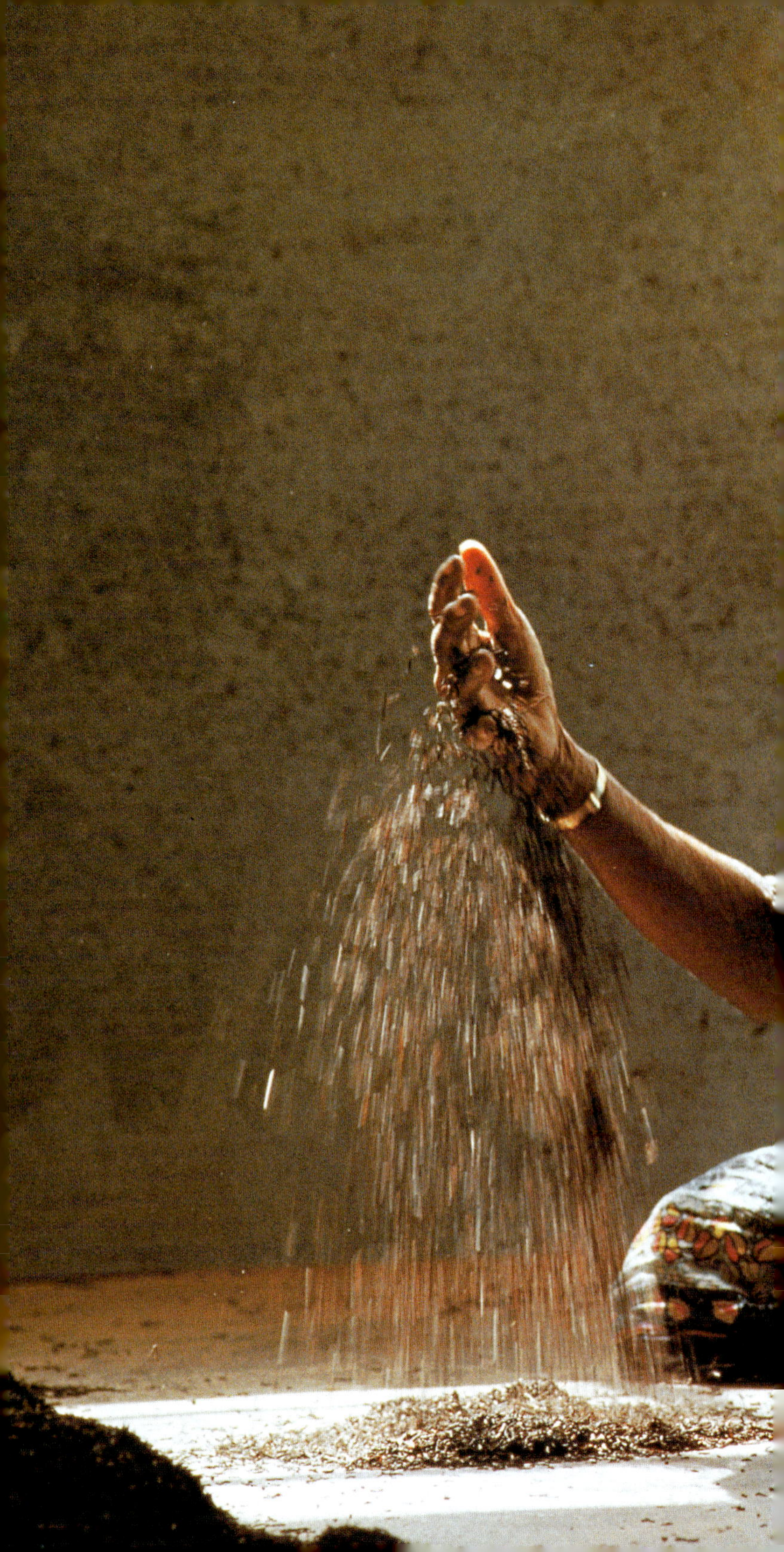

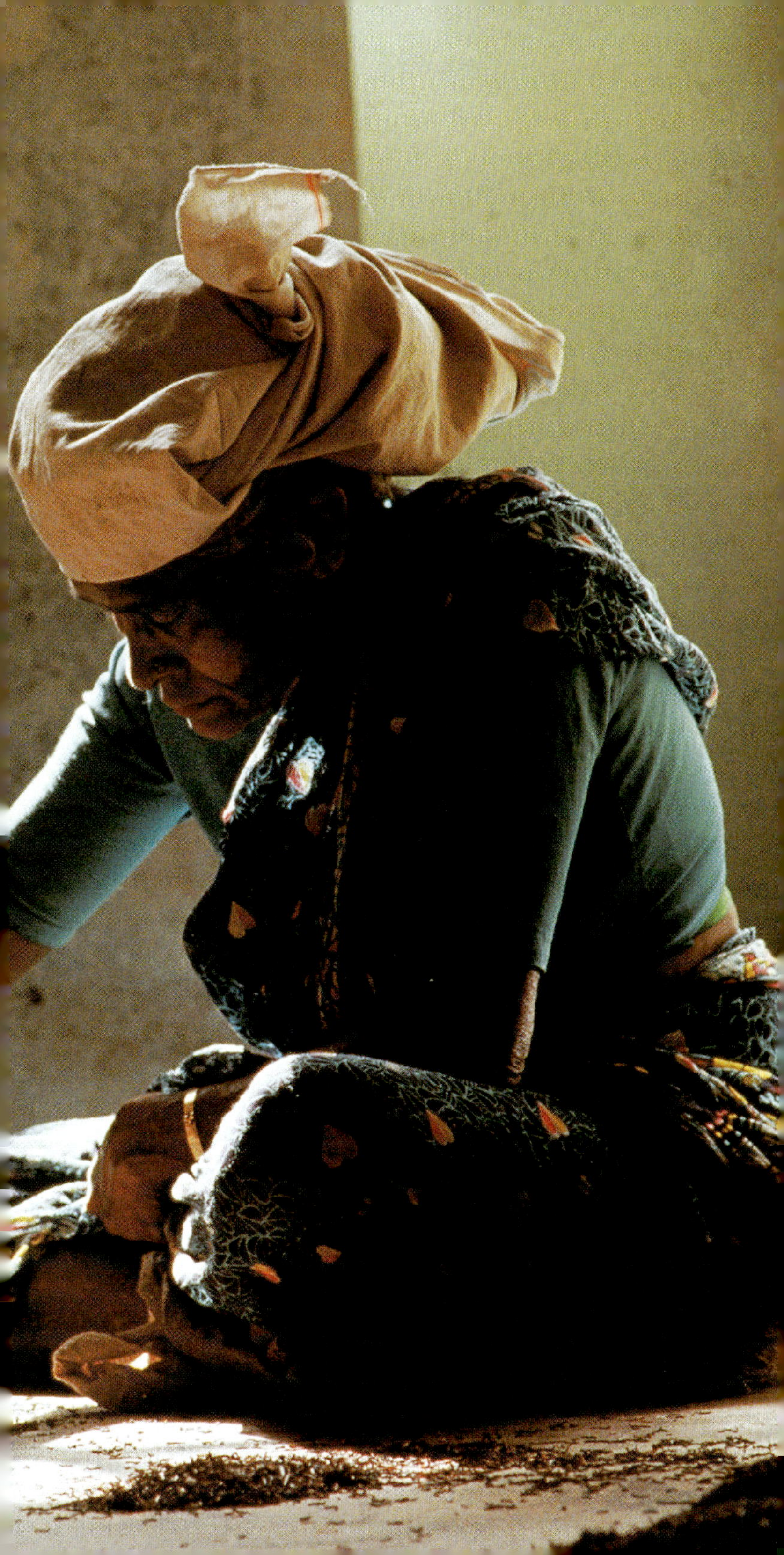

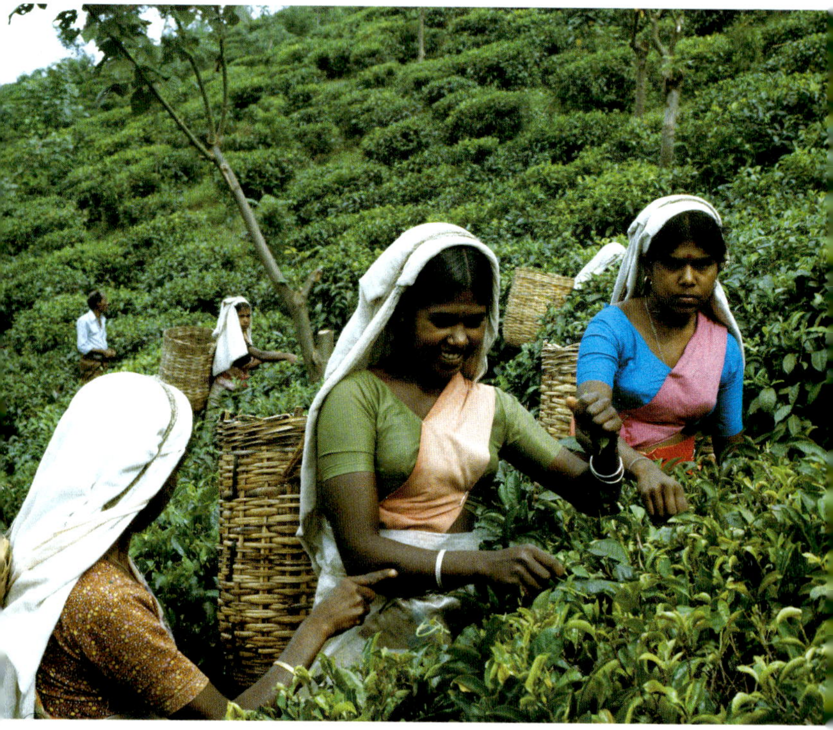

Cueilleuses de thé dans un jardin de la région de Nuwara Eliya, à Ceylan.

Double page précédente : Femme tamil séparant les feuilles de thé, à Ceylan.

Criblage

Le criblage est l'une des étapes de la fabrication* du thé, après la cueillette*. C'est après avoir subi un flétrissage* et un roulage* sur elles-mêmes que les feuilles de thé sont placées sur de longs tamis pour les séparer selon leur taille et leur état : entières ou brisées. Le roulage, en effet, brise un certain nombre de feuilles. Un premier tamisage permet de séparer les feuilles entières des brisures, et un second les grandes feuilles des petites. Il permet ensuite de classer les thés noirs* selon leurs grades (voir Classification) : F.O.P., B.O.P., Fannings, etc. Ce criblage, ou tri, se pratique encore dans certains endroits entièrement à la main. Mais les machines à cribler apparurent dans les plantations les mieux équipées dès 1880. AS

Cueillette

Partout dans le monde, les bons thés ne sont cueillis qu'à la main. En Asie, il est extrêmement rare de voir un homme accomplir cette tâche. Seuls les gestes délicats, la dextérité et la patience des femmes, dit-on, permettent un bon rendement sans compromettre la qualité de la récolte. Rapidement, et avec beaucoup d'adresse, elles cueillent des deux mains les feuilles les plus hautes formant la « table de cueillette », et les jettent par poignées dans un panier qu'elles portent dans leur dos.

Il existe plusieurs types de cueillette, selon la nature et le grade (voir Classification) de thé qu'on veut obtenir. La « cueillette impériale » – autrefois réservée en Chine* au thé de l'empereur et pratiquée avec des ciseaux en or par des vierges aux mains gantées – est encore en usage dans de rares jardins* en Chine et au Japon* : elle consiste à ne prélever sur la branche que le bourgeon final (Pekoe), et souvent la première feuille qui suit. La « cueillette fine », réservée aux thés de grande qualité, ne prélève que le bourgeon terminal et les deux premières feuilles. La cueillette la plus courante comprend le bourgeon et les trois premières feuilles. Des cueillettes descendant jusqu'à la quatrième ou la cinquième feuille sont réalisées pour des thés de qualité moindre. Enfin, dans certains pays qui cultivent un thé médiocre en plaine, la récolte est mécanisée (à l'aide d'engins enjambant les plants).

À Darjeeling*, zone de production des meilleurs crus indiens, on distingue, pour la commercialisation du thé, les récoltes de printemps (« first flush », de mars à avril), d'été (« second flush », de mai à juin) et d'automne (« third flush », de septembre à novembre) : chacune de ces récoltes donne une infusion différente, la plus précoce offrant la plus subtile. AS

DARJEELING
Les grands seigneurs indiens

Considéré souvent comme le plus précieux des thés noirs*, le Darjeeling, cultivé aux environs de la ville du même nom dans le massif himalayen, au nord-est de l'Inde, donne une infusion subtile et raffinée. On compte quatre-vingt-trois jardins* de Darjeeling. On peut citer parmi les plus réputés : Ambootia, Castleton, Gielle, Jungpana, Margaret's Hope, Namring, Orange Valley, Puttabong, Tukdah… Les conditions climatiques, l'altitude, le savoir-faire hérité des Britanniques, la priorité donnée à la qualité plutôt qu'au rendement expliquent l'excellence des Darjeeling. Leur grande diversité permet en outre de découvrir en les dégustant toute une palette de sensations. Cette diversité est due aux savants mariages, variant selon l'altitude des jardins, entre les plants d'Assam* et ceux de Chine*, au jeu des vents et des pluies (voir Climat) qui change selon l'orientation et l'altitude des versants cultivés, et enfin aux nuances de caractère dépendant de la saison de la cueillette* : celle du printemps (« first flush ») donne un thé léger et parfumé, aux notes fleuries ; celle d'été (« second flush ») un thé plus corsé aux saveurs fruitées ; celle d'automne (« third flush ») un thé sombre à l'arôme très développé. Enfin il faut signaler qu'il existe aujourd'hui des Darjeeling blancs, verts, ou semi-fermentés, mais qui restent largement minoritaires dans cette région dédiée aux thés noirs. AS

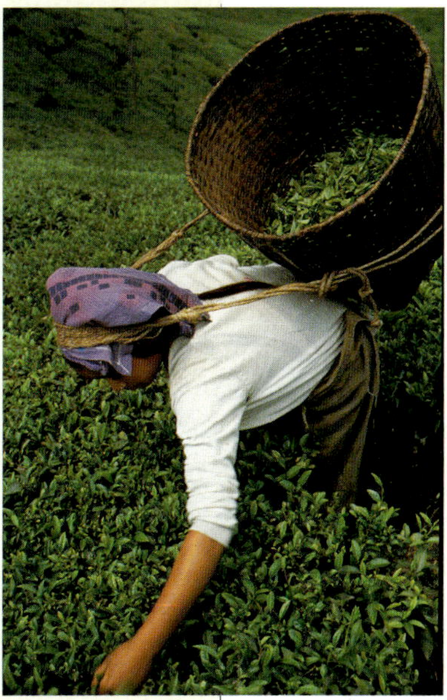

Cueilleuse de thé dans un jardin de Darjeeling, Inde.

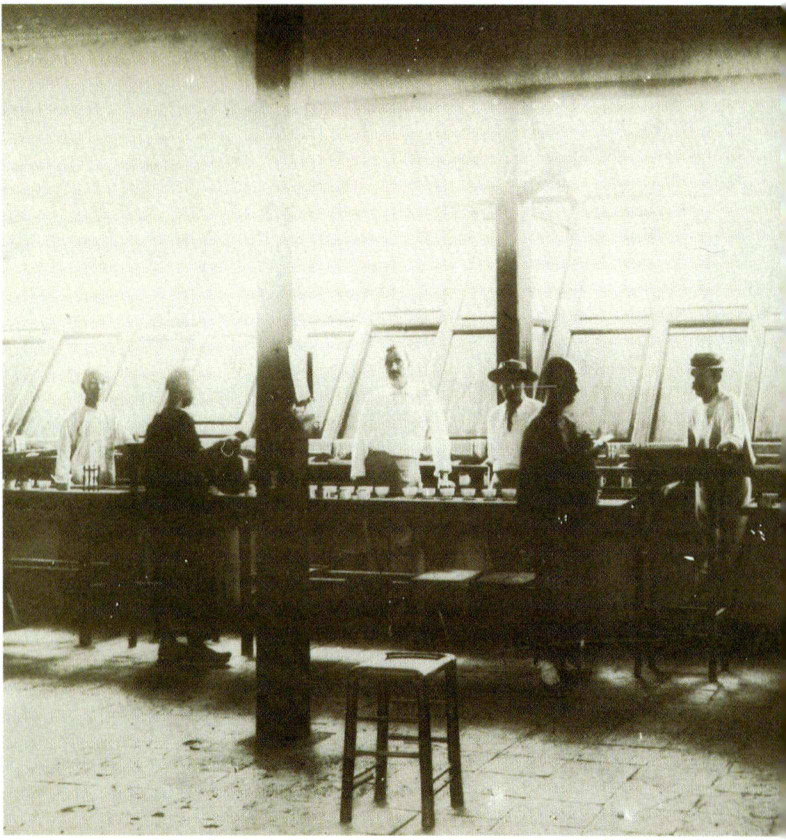

Expertise du thé à Formose, v. 1900. Paris, archives du musée du Thé Mariage Frères.

Tingqua (1840-1870), *La Dessiccation.* Aquarelle. Hong-Kong, Museum of Art.

Dégustateur (expert)

Les bons thés sont goûtés par des experts dégustateurs (également appelés *tea tasters*), au moins à cinq reprises. En premier lieu dans la manufacture* de la plantation, avant l'emballage, puis par le courtier ou son dégustateur, qui adressera aux importateurs du monde entier des échantillons des thés à vendre. L'expert-importateur goûtera les thés par trois fois : à réception des échantillons, pour les sélectionner et fixer un prix d'achat maximum ; après avoir acheté les thés aux enchères et avant l'embarquement, afin de vérifier qu'ils correspondent bien aux échantillons choisis ; et enfin à la livraison, pour s'assurer que le transport n'a pas altéré leur qualité.

La dégustation se déroule selon un rite quasiment immuable : des dizaines de petites tasses dentelées, munies d'un couvercle, où chacun des échantillons infuse, sont alignées sur une longue table. Chacune est placée entre un bol vide, en porcelaine blanche, et un petit récipient empli de feuilles sèches du même échantillon. On verse l'infusion dans les bols, en maintenant en place le couvercle qui retient les feuilles. Une fois l'infusion versée, on retourne le couvercle empli de feuilles infusées. Le dégustateur peut alors examiner les feuilles sèches, les feuilles infusées et

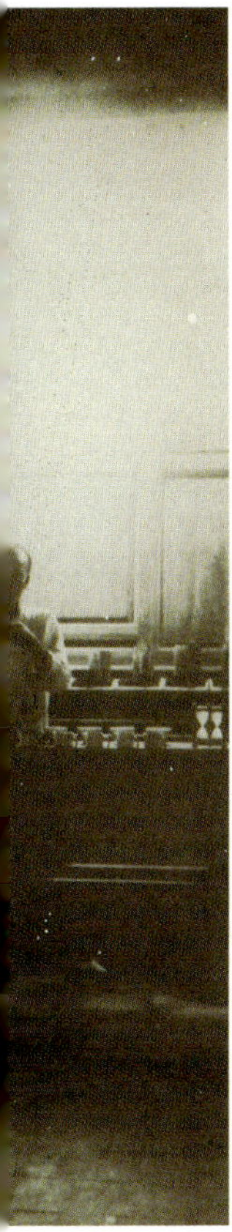

l'infusion elle-même. Il appréciera la couleur, la forme et l'élasticité des feuilles sèches, l'odeur des feuilles infusées, la couleur et l'arôme de l'infusion puis, une fois cette dernière légèrement refroidie, son goût. Comme les dégustateurs de vin, ceux de thé n'avalent pas le breuvage. AS

Dessiccation

La dessiccation est la dernière étape de la fabrication* du thé. Destinée surtout à stopper la fermentation* des thés noirs*, elle est l'une des plus cruciales et des plus délicates : il convient en effet de sécher suffisamment les feuilles pour éviter qu'elles ne moisissent par la suite (elles doivent avoir après séchage une teneur en eau inférieure à 12 %), mais avec mesure pour éviter de brûler ses composés aromatiques.
L'opération s'effectue généralement dans un dessiccateur, énorme machine conjuguant le séchoir et le tapis roulant. Les feuilles y sont exposées à des températures et à des temps de séchage variant selon leur teneur en eau : à Ceylan*, où cette teneur est relativement faible, le séchage dure une vingtaine de minutes à une température de 80 à 90 °C ; en Assam, où la teneur en eau est plus forte, température et temps de séchage sont plus élevés.
Dans le cas des thés verts*, la dessiccation a pour but de stabiliser les divers composés des feuilles, après qu'elles aient été chauffées, pour détruire les enzymes qui risqueraient de les faire fermenter. En Chine*, les petits tas de feuilles sont mis à sécher à l'air libre, et fréquemment malaxés. Au Japon*, la dessiccation s'effectue en machine. AS

Eau

Pour réussir son thé, la qualité de l'eau d'infusion est aussi importante que la qualité des feuilles. Dans son célèbre *Cha King (Classique du thé)*, véritable hymne à cette boisson, datant du VIIIe siècle, le sage chinois Lu Yu établissait une hiérarchie entre l'eau de mon-

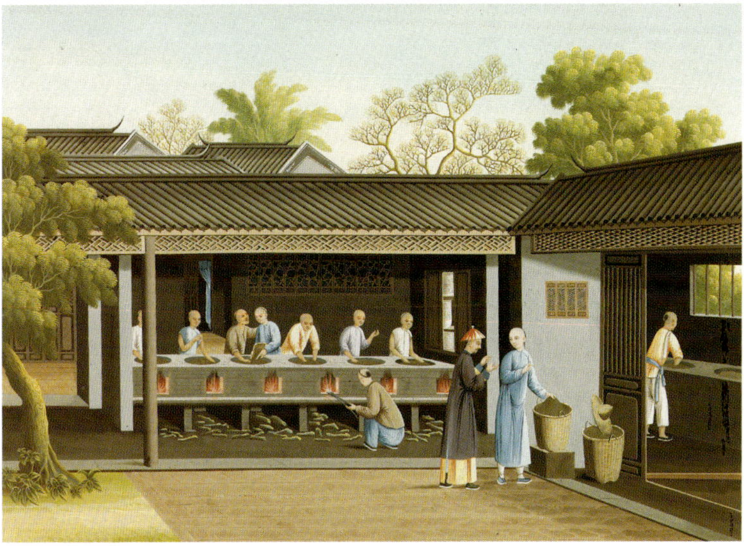

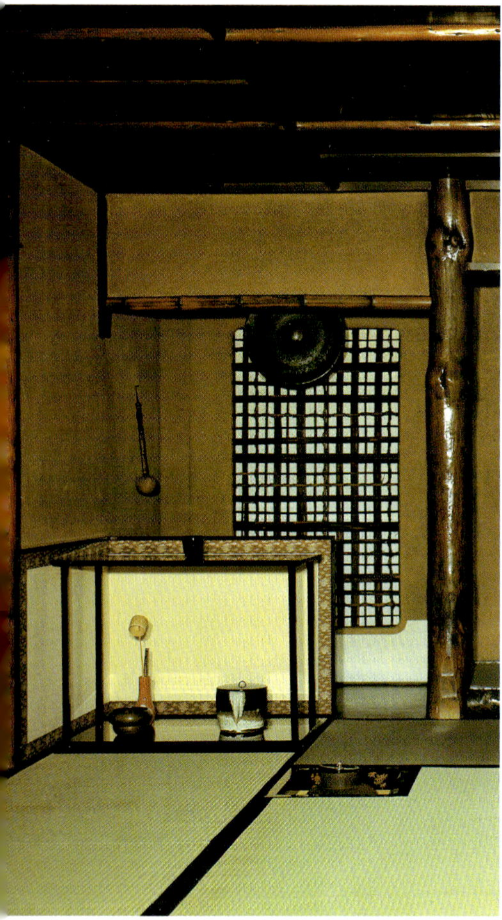

École de thé Urasenke à Kyoto : vue de la salle de thé *Totsutotsusai* construite en 1855 par Gengensai en l'honneur de Sen Sôtan.

tagne (la meilleure), l'eau de rivière et l'eau de source ordinaire. L'on raconte que les maîtres de thé chinois étaient capables de reconnaître ces différentes eaux dans l'infusion qu'on leur servait.
Aujourd'hui encore, certains amateurs exigeants ne préparent leur thé qu'avec une eau minérale bien particulière. Ce serait le cas de la reine d'Angleterre, qui ne voyagerait jamais sans une provision de l'eau de source qu'elle a définitivement élue pour cet usage…
L'essentiel demeure d'user d'une eau pure, fraîche, sans goût ni odeur, ni calcaire. Il arrive que l'eau courante distribuée au robinet convienne. Mais lorsqu'elle est trop chlorée ou calcaire, deux solutions s'imposent : installer un filtre à eau ou utiliser de l'eau vendue en bouteille. AS

École de thé

Les écoles de Thé sont une particularité du Japon*. Jusqu'au XVIIe siècle, la « Voie du thé » (Cha-dô) n'était régie par aucunes règles explicites. Elle se transmettait de maître à disciples, et liberté était laissée à chacun de réinterpréter ce qu'il avait appris.
Lorsque le clan des Tokugawa accéda au pouvoir, il instaura, par respect de la hiérarchie sociale, le statut privilégié des maîtres de thé. Ce fut Sen Sôtan (1578-1658) qui, le premier, formula le principe d'un enseignement de la cérémonie* du thé, dispensé au sein d'écoles spécialisées.
Sen Sôtan était le petit-fils de Sen Rikyû (1522-1591), illustre amateur de thé et adepte de la secte zen*. L'histoire veut que Sôtan, à la veille de sa mort, divisa sa propriété en trois parties qu'il distribua à chacun de ses trois fils. Chacun des lots donna son nom à une école du thé : Urasenke (l'école de derrière), Omotesenke (de devant) et Mushanokoji senke (près du temple Mushanokoji). Ces trois écoles existent toujours et leur enseignement repose sur la tradition transmise par les héritiers successifs de Sôtan et de Rikyû.
L'apprentissage est sanctionné par un diplôme que seul le grand maître *(Iemoto)* est habilité à délivrer.
Le maître actuel de l'école Urasenke, la plus populaire au Japon, est Shositsu Sen. SMD

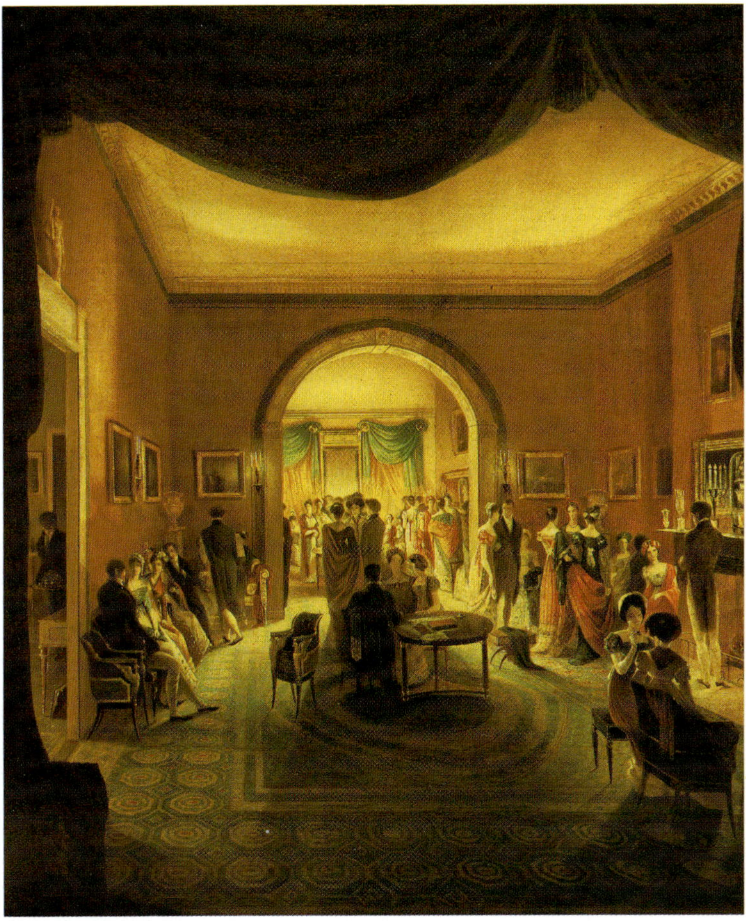

Henry Sargent, *The Tea Party*, v. 1820. H/t 164 × 133. Boston, Museum of Fine Arts.

États-Unis

Le thé fut introduit en Amérique du Nord par les Hollandais, dès le XVIIe siècle. Son usage crût avec le flot des émigrants en provenance d'Europe*. Bien vite, il devint un produit de première nécessité pour les habitants de la Nouvelle-Angleterre. Lorsque l'Angleterre chercha à en tirer profit, en taxant lourdement l'importation du thé dans sa colonie américaine, les émigrants se révoltèrent (voir Boston Tea Party). Ayant conquis leur indépendance, à la fin du XVIIIe siècle, les Américains affrétèrent une flotte qui alla s'approvisionner directement en Chine*, dans le port de Canton. Les importations de thé progressèrent alors de façon spectaculaire : de six cents tonnes en 1790, elles passèrent à six mille tonnes en 1825.

Les Américains consommaient jusqu'alors essentiellement du thé vert*. Au début du XVIIIe siècle, les puritains aimaient le boire amer, avec du beurre et du sel ; dans les *tea parties* de la haute société, on dégustait un thé parfumé avec du safran, des racines d'iris ou des pétales de gardénia. Au XIXe siècle, ces habitudes avaient quasiment disparu, mais la consommation de thé restait puissamment ancrée dans les mœurs. En 1904, le négociant Richard Blechynden offrit pour la première fois, aux visiteurs de l'Exposition* Universelle de Saint-Louis, un thé noir* des Indes* servi glacé* ! À la même époque, Thomas Sullivan, marchand new-yorkais, inventa les doses de thé emballées dans des sachets en soie. SMD

Europe

Les Européens découvrirent le thé à l'aube du XVIIe siècle. Ce furent les Hollandais de la *Vereeningde Oostindische Compagnie,* Compagnie* « de l'Orient lointain », qui en 1606 furent les premiers à en importer. À Amsterdam, Londres et Paris, le thé était consommé dès 1635 pour ses qualités thérapeutiques (voir Santé). Vers la fin du XVIIe siècle, les Anglais rapatrièrent les premiers plants de *Camellia* sinensis*, bien à l'abri dans des « caisses de Ward », conçues par le botaniste N. B. Ward : il s'agissait de petites serres portatives en bois, à toit vitré, et remplies de bonne terre pour conserver, à bord des navires de Sa Royale Majesté et de l'East India Company, les espèces végétales collectées de par le monde.

L'Allemagne découvrit le thé par l'intermédiaire de la Hollande, vers 1640. Elle fonda sa propre compagnie, la Compagnie royale du thé, en 1752. Vingt ans plus tard, les ports de Hambourg et de Brême importaient de Chine* soixante sortes de thé vert*, et la boisson asiatique était devenue d'un usage courant en Europe.

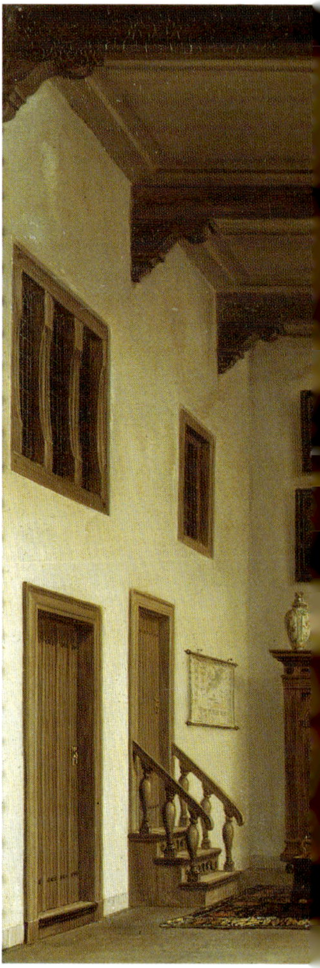

« Il se sentit parfaitement heureux [...]. Il buvait ce parfum liquide [...], des thés jaunes, venus de Chine en Russie par d'exceptionnelles caravanes. »

Joris-Karl Huysmans, *À Rebours*, 1884.

Durant plus de deux cents ans, les Européens ne consommèrent que du thé vert, en provenance de Chine et du Japon*. La consommation du thé noir*, amorcée à la fin du XVIIIe siècle avec des thés de Chine, ne devint réellement importante qu'à la fin du XIXe siècle, lorsqu'on disposa des productions indiennes et cingalaises (voir Inde et Ceylan). SMD

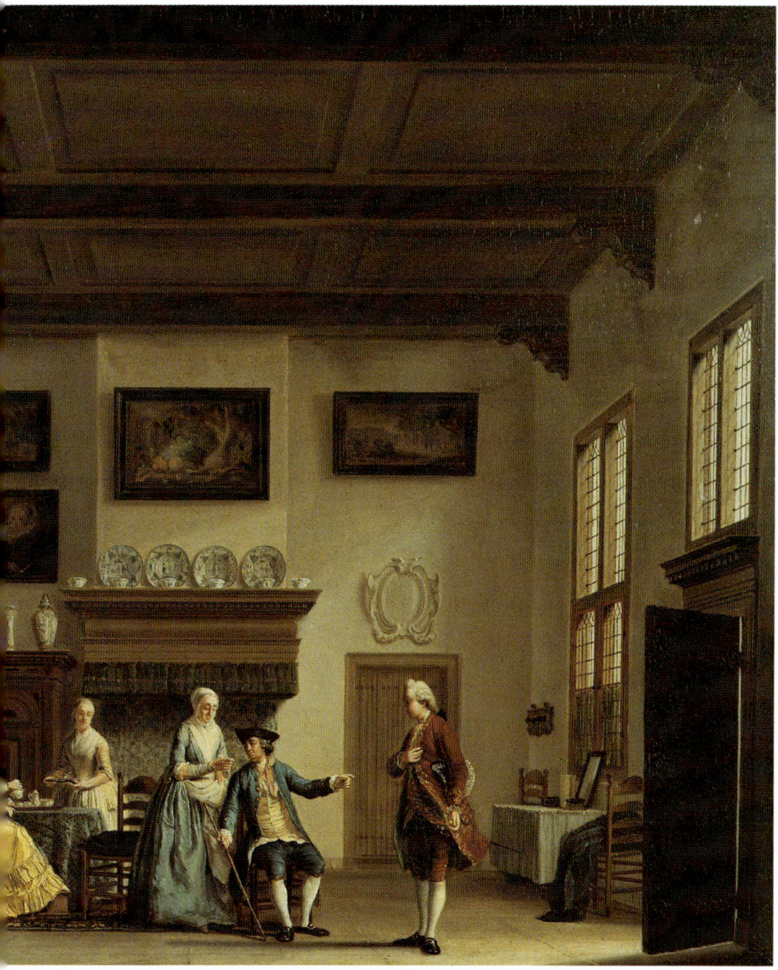

Exotisme

Si en Occident quelques relations de voyage (dont *Le Livre des merveilles* de Marco Polo) évoquèrent le thé avant même qu'il ne soit importé d'Extrême-Orient, il fallut attendre le début du XVIIe siècle et la création des grandes compagnies* maritimes européennes pour que les Hollandais puis les Allemands et les Anglais dégustent enfin le précieux breuvage. Les vaisseaux (voir Clippers) des grandes compagnies n'importaient pas de Chine* seulement du thé, mais aussi de la soie, de la porcelaine*, des objets en bois laqué, tandis qu'à la même époque arrivaient d'Arabie les premiers grains de café, et du Nouveau Monde les premières fèves de cacao. Les navires importèrent également le mot désignant le thé en dialecte de Chine méridionale où il était chargé, *tay*, alors que les caravanes approvisionnant l'Orient à partir du Nord de la Chine portèrent aux Persans, aux Turcs ou aux Russes le mot pékinois *cha* (prononcer *tch'a).*

Nicolaes Muys (1740-1808), *Le Gentilhomme ridicule.* H/b 46 × 58. Rotterdam, musée Boymans-Van Beuningen.

Le thé participait ainsi au véritable engouement qui saisit au XVIIe siècle les Européens pour les produits exotiques*, engouement qui gagna bientôt, à travers « chinoiseries » et « turqueries », les arts de la table et de la décoration aussi bien que la peinture et la littérature. Le succès du thé ne s'est pas démenti depuis, et les catalogues des meilleures maisons occidentales ne cessent de s'accroître : ainsi la Chine exporte aujourd'hui des thés verts* qui nous étaient encore inconnus il y a peu. AS

Exposition Universelle

Dès le XVIIe siècle, les compagnies* maritimes approvisionnaient en thé de Chine* le continent européen et ses colonies. Cependant la demande était si forte et les quantités importées tellement insuffisantes que ce breuvage coûtait encore très cher et, par conséquent, demeurait l'apanage d'une société fortunée. La situation se modifia brusquement au cours du XIXe siècle, quand l'Empire colonial britannique commença à développer sa propre production. La découverte du thé sauvage de l'Assam* (en Inde*) par Robert Bruce*, l'acclimatation réussie des théiers indiens à Loolecondera* (à Ceylan*) rendaient enfin possible la diffusion de ce produit à une plus large échelle. Les Expositions Universelles de la fin du XIXe siècle contribuèrent largement à en populariser la consommation. Celles qui se tinrent à Londres en 1884 et 1886 firent découvrir aux Anglais et aux visiteurs étrangers les thés des Indes britanniques. Le thé de Ceylan connut une véritable consécration à l'Exposition Universelle de Chicago, en 1893 : on n'en vendit pas moins d'un million de paquets. Lors de la fameuse Exposition de 1900, à Paris, le pavillon de Ceylan frappa particulièrement un chroniqueur, qui écrivit : « La coquette maison coloniale aux stores éclatants, la succulence du breuvage, la beauté des Cingalais, vivantes statues de bronze drapées dans des pagnes d'une blancheur étincelante, tout cela fit le succès de ce coin charmant du Trocadéro. » Le thé allait bientôt devenir une boisson populaire. SMD

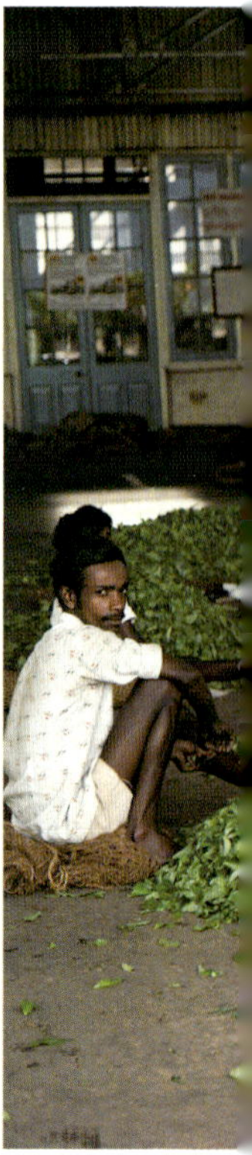

Le tri des feuilles de thé dans une manufacture de Ceylan.

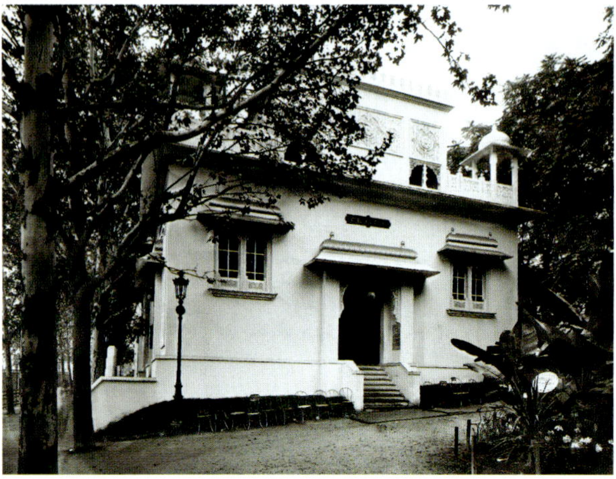

Pavillon de Ceylan à l'Exposition Universelle de Paris en 1900.

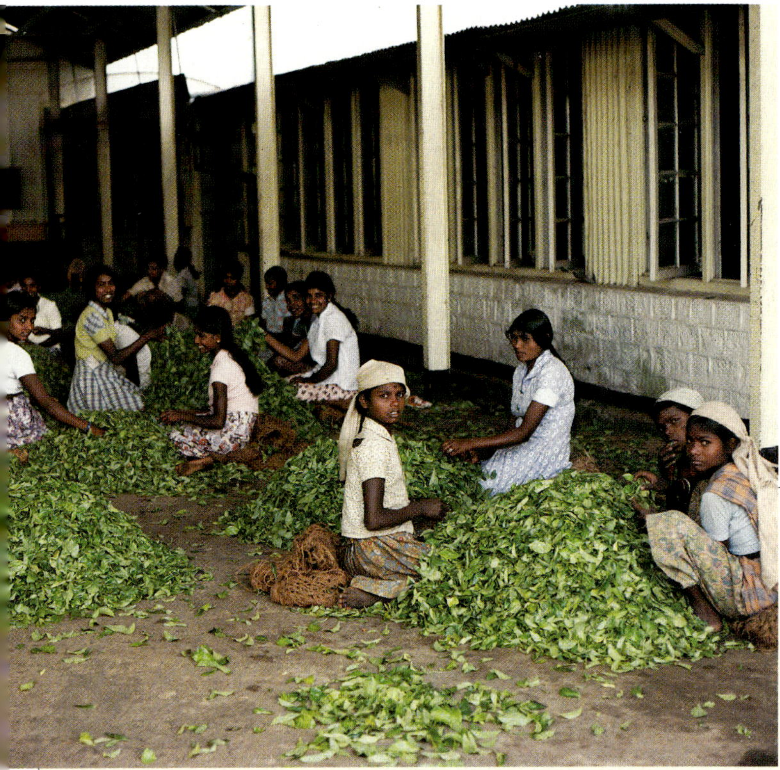

FABRICATION : UNE COMPLEXE ALCHIMIE

Après la cueillette*, la fabrication traditionnelle des thés noirs* dans les manufactures* comprend cinq étapes successives : le flétrissage*, qui est un fanage des feuilles destiné à les assouplir ; le roulage* des feuilles sur elles-mêmes, pour leur donner leur aspect final mais surtout pour libérer leurs huiles essentielles, nécessaires à la fermentation ultérieure ; le criblage*, qui permet de trier les feuilles, qu'elles soient entières ou brisées ; la fermentation* obtenue par humidification (pendant une à trois heures), qui donnera aux feuilles leur couleur plus ou moins brune et à l'infusion son arôme et sa saveur ; la dessiccation*, enfin, qui a pour but de stopper la fermentation. Dans la plupart des plantations d'aujourd'hui, toutes ces opérations, sauf la fermentation, sont mécanisées.
Les thés semi-fermentés* passent par les mêmes étapes que les thés noirs, à l'exception de la fermentation qui est interrompue au bout d'une heure, une heure et demie. Selon que le processus aura été arrêté plus ou moins tôt, on obtiendra des infusions plus ou moins boisées, tirant sur le vert ou le cuivré.
La fabrication des thés verts* se caractérise par l'absence de fermentation. Les feuilles sont exposées à une forte chaleur pour détruire les enzymes qui pourraient déclencher une fermentation : elles sont soit séchées dans de grandes bassines en cuivre posées sur un feu (méthode chinoise) ; soit chauffées à la vapeur dans des cuves (méthode japonaise) ; puis elles subissent une dessiccation, un roulage et, éventuellement, un criblage.
Enfin, les thés blancs* ne sont pas « fabriqués » puisqu'ils ne font l'objet d'aucun traitement : aussitôt cueillies, les feuilles sont séchées puis emballées. AS

FAÇONNÉ
Le goût de la métamorphose

La révérence à la beauté, telle que l'offre la nature aux yeux de l'homme, n'est nulle part plus présente que dans la culture extrême-orientale. D'où la profusion des motifs floraux nourrissant les métaphores de la littérature, peints sur les porcelaines ou les estampes, ciselés dans le bois et l'argile, polis dans le jade…
Ce lien étroit entre les métamorphoses de l'art et l'évocation de la nature appartient également au monde raffiné des thés façonnés, originaires du Huang Shan ou mont Jaune, dans la province chinoise d'Anhui. Il s'agit de feuilles liées entre elles pour rappeler la forme d'une fleur épanouie (la pivoine, dite « reine des fleurs » pour sa beauté), d'un bouton de lotus (emblème de Bouddha), d'étoiles (séjours des divinités célestes), ou de perles (qui, comme chacun le sait, naissent au fond des mers, dans le ventre des coquillages fécondés par les rayons de la Lune).
Au spectacle des feuilles, qui en infusant se déploient une à une comme des pétales, ou rayonnent comme la lumière nimbant l'étoile et la perle, s'ajoute le plaisir rare d'un thé d'exception, le plus souvent vert*. Thés « précieux » – et donc relativement coûteux –, les thés façonnés appartiennent aux instants magiques de la vie de l'amateur. Ils se préparent directement dans la tasse, avec une eau très chaude (85 °C) afin que l'infusion (3 à 5 mn) puisse, une fois n'est pas coutume, se faire au contact de l'air. CB

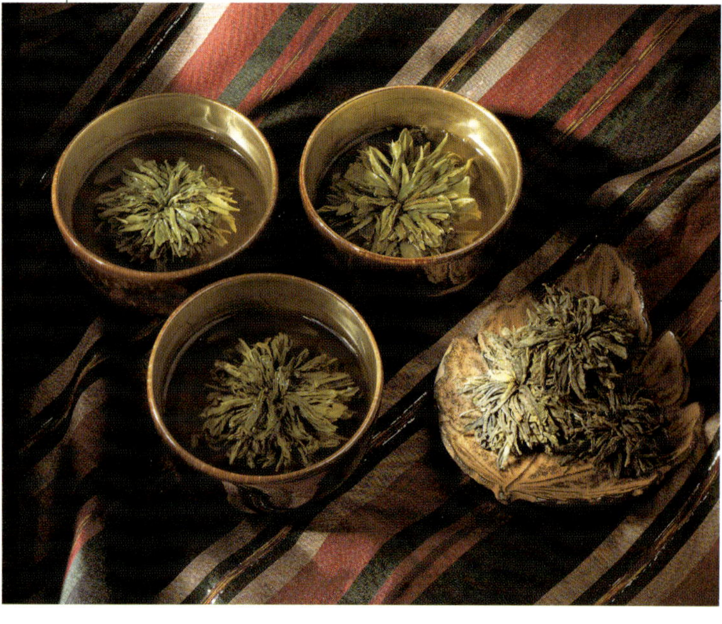

« Que cent fleurs s'ouvrent cette nuit même,
Sans attendre d'être éveillées par le vent matinal. »

Conte d'époque Ming.

Fermentation

La fermentation des feuilles ne s'effectue que pour les thés semi-fermentés* et les thés noirs*. Cette étape de la fabrication*, la quatrième, est de loin la plus délicate et la plus importante : après la libération des huiles essentielles obtenue lors du roulage*, commence un mystérieux processus chimique dont dépendront la couleur, l'arôme et la saveur de l'infusion. Mystérieux, il l'est en effet, car nul ne sait précisément à quoi tiennent les qualités du breuvage, certaines réactions cellulaires au cours de cette opération n'ayant jamais été comprises ni même identifiées...

La fermentation s'obtient en exposant les feuilles à une atmosphère saturée d'humidité (90 % au minimum), après les avoir étalées en couche de cinq à sept centimètres d'épaisseur sur de grandes plaques de ciment, de verre ou d'aluminium. La température de l'air doit être soigneusement maintenue entre 22 et 28 °C – un écart minime vers le chaud risquerait de donner au thé un goût de brûlé, et vers le froid de stopper la fermentation. Environnée par cette atmosphère tiède et humide, la feuille s'échauffe d'abord par le jeu de plusieurs réactions chimiques, puis commence à refroidir.

Le talent du technicien, le *tea maker,* intervient surtout dans le choix de la durée : pour obtenir le meilleur résultat, il convient d'arrêter l'opération juste au moment où la feuille cesse de chauffer, ce qui peut demander de une à trois heures. Une fermentation trop courte priverait de force l'infusion ; à l'inverse, une fermentation trop longue la priverait de parfum.

Les thés semi-fermentés ne connaissent qu'un début de fermentation afin de leur donner leurs qualités particulières, à mi-chemin entre les thés verts* et les thés noirs. AS

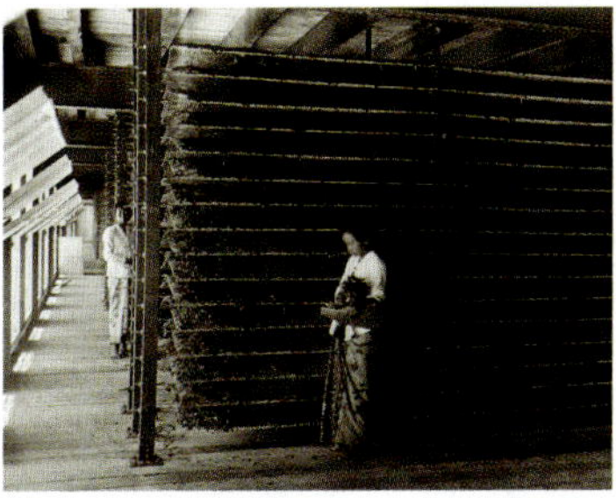

Flétrissage du thé dans une manufacture d'Indonésie. Photographie du XIXe siècle. Amsterdam, Tropenmuseum.

Flétrissage

Le flétrissage est la première opération de la fabrication* du thé, après la cueillette*. Il s'agit de faner les feuilles, et donc de les assouplir, afin d'éviter de les briser lors de l'étape suivante, le roulage*. Le flétrissage consiste à faire perdre aux feuilles environ la moitié de l'eau qu'elles contiennent. Si autrefois l'opération se bornait à une simple exposition au soleil, les impératifs actuels de rendement et de qualité ont conduit à contrôler plus soigneusement la perte d'humidité. Dans de vastes pièces aménagées à cette intention dans les manufactures*, on répand les feuilles fraîchement cueillies sur des claies superposées à vingt centimètres les unes des autres, entre lesquelles on fait circuler un courant d'air tiède durant vingt-quatre heures. Lorsque le climat s'y prête, on ouvre les fenêtres de la pièce et le courant d'air est naturel. Mais souvent l'air est pulsé par des ventilateurs, et la température et le taux d'humidité constamment surveillés. Pour éviter de mobiliser trop d'espace et accélérer l'opération, les manufactures les plus modernes pratiquent le flétrissage en tunnel ou en cuve ; l'opération dure alors environ six heures. AS

FORMOSE

La culture du thé est plus récente à Formose (Taïwan) qu'en Chine* continentale. Les premiers théiers, originaires de la région de Fujian, y furent plantés il y a deux cents ans, après que l'île ait été annexée à l'Empire chinois. Depuis, les conditions climatiques très privilégiées (la température ne descend jamais au-dessous de 13 °C) ont permis une extraordinaire extension de ces plantations. Ces thés sont aujourd'hui bien distribués chez les négociants où l'on n'aura aucun mal à se les procurer.

Formose est surtout réputée pour ses thés semi-fermentés* (Oolong). Ceux-ci subissent soit un très faible degré de fermentation (12 à 20 %), suivant la méthode traditionnelle de la Chine continentale, ce qui donne des *Chinese Oolong*, légers et aux saveurs végétales ; soit, selon la manière propre à Taïwan, il subissent jusqu'à 60 % de fermentation, ce qui donne des *Formosa Oolong*, plus sombres et plus fruités.

Faibles en théine, et donc vivement conseillés pour l'infusion du soir, ils se dégustent tous sans sucre* ni lait*.

Dans la catégorie des Chinese Oolong, citons le Tung Ting, un des plus renommés de Formose, dont l'infusion rouge-orange, de saveur très douce, peut être dégustée à toute heure du jour ; et le Pouchong impérial, un grand cru à l'infusion dorée, à l'arôme délicat et subtil.

Dans la classe des Formosa Oolong, citons le Grand Oolong Fancy, l'un des meilleurs du monde, issu d'une récolte de printemps, fin et parfumé, agrémenté de pointes blanches.

Formose produit aussi des thés verts* ou noirs* très typés. Dans la gamme des thés verts, elle élabore des thés à feuilles plates (type Lung Ching), à feuilles torsadées (type Pi Lo Chun) ou roulées (type Gunpowder*). Ses thés noirs les plus réputés sont fumés* : les Tarry Souchong sont nettement plus fumés que les Lapsang Souchong de Chine. Très appréciés par les inconditionnels de cette saveur particulière, ces derniers sont, par excellence, les thés des brunches et des petits déjeuners à l'anglaise. CD

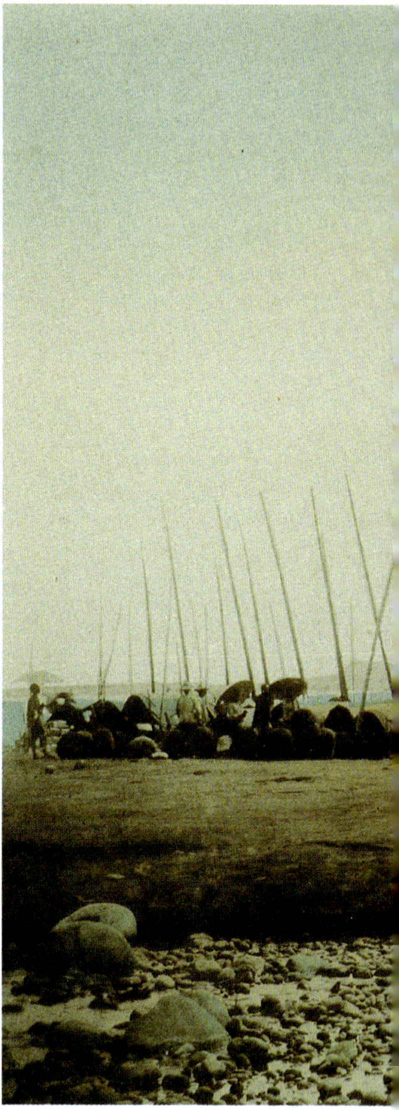

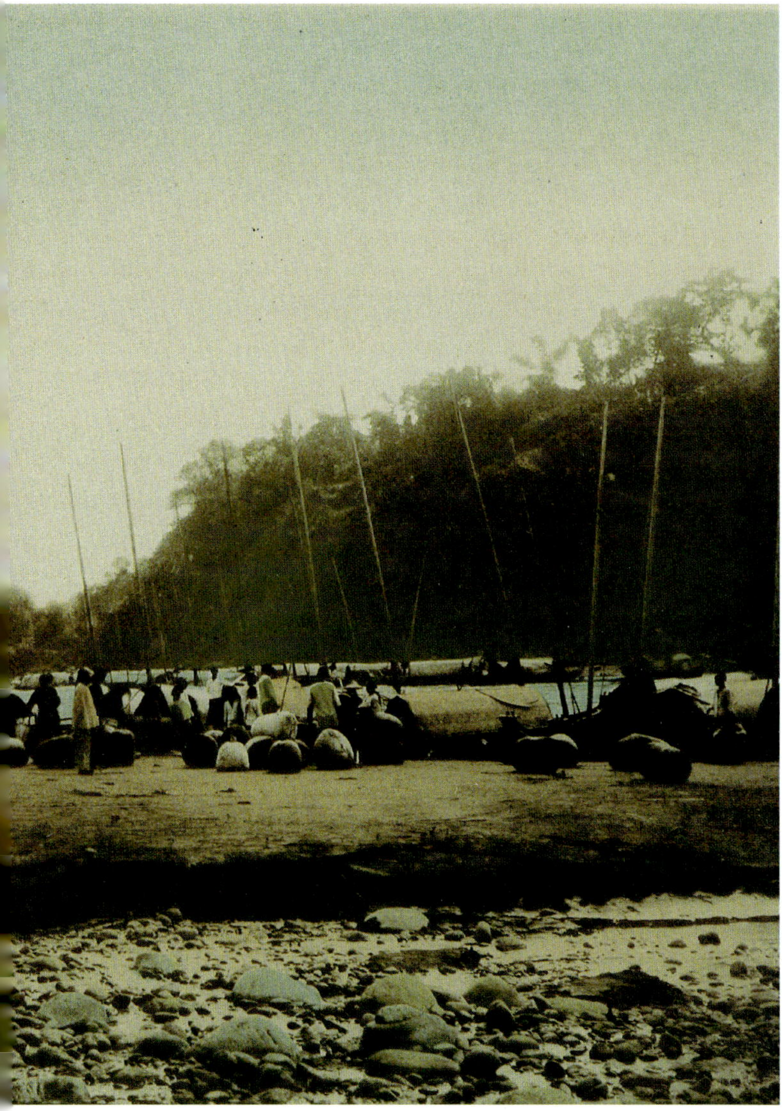

Jonques chargées de thé à Toa-ko-ham.

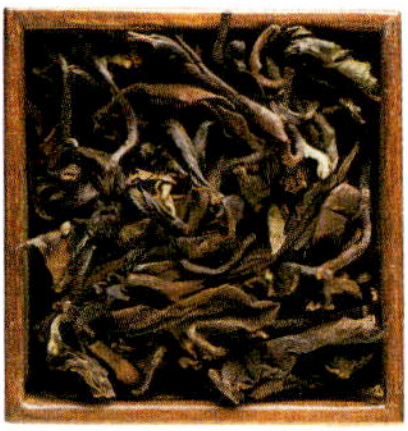

Grand Oolong Fancy

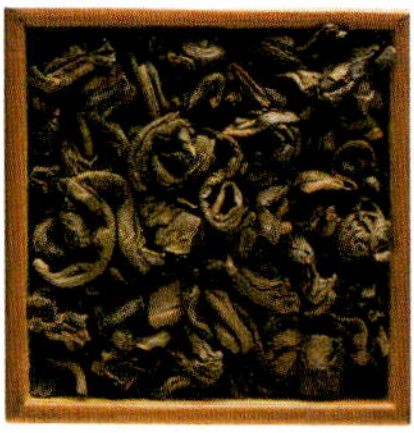

Gunpowder Zhu Cha

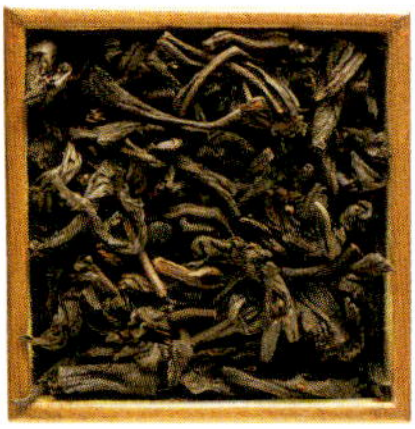

Tarry Souchong

Fortune (Robert)

Les Anglais parvinrent à acclimater le *Camellia* sinensis* dans l'île de Ceylan dès 1839. Mais le thé produit dix ans plus tard restait de qualité médiocre. Il fallait donc percer le secret de fabrication* du thé, jalousement gardé par les Chinois. C'est un Anglais, Robert Fortune, qui en révélera les mystères. Botaniste de son état, il avait séjourné en Chine* de 1842 à 1845, à la recherche de plantes rares. Fort de cette expérience, il fut choisi par le Comité anglais du thé pour y retourner en 1848, en mission secrète.

C'est déguisé en marchand chinois, et accompagné par deux complices indigènes, que Robert Fortune débarque à Shanghai. Il

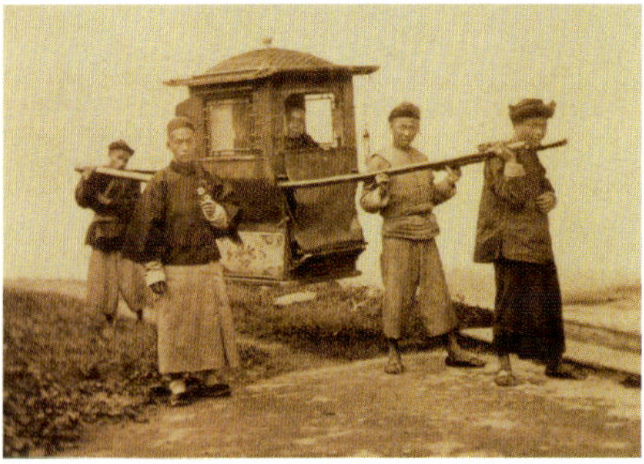

Chaise à porteurs, Chine, v. 1868. Photographie de John Thomson. Coll. part.

commence son périple par les régions des thés verts*. Depuis sa chaise à porteurs, il scrute l'activité des fermes de thé, étudie les sols et consigne dans son journal toutes ses observations, notamment sur les techniques de cueillette* et de transformation des feuilles. Lors d'une halte au temple bouddhique de Kooshan, des moines lui offrent le meilleur thé qu'il eût jamais bu, préparé avec de l'eau de source. Pour l'Anglais c'est une révélation : de la qualité de l'eau dépend la qualité de l'infusion ! Après un bref retour à Shanghai, il entreprend la seconde partie de son voyage : les régions des thés noirs*. Sous l'apparence d'un mandarin de Mongolie, et accompagné d'un ami chinois, il visite les manufactures*.

Sa mission achevée, Robert Fortune expédie à Calcutta tous les plants qu'il a pu acquérir. Mieux encore, quelque temps plus tard, il ramène avec lui en Inde, outre ses carnets de voyage (publiés en France sous le titre *La Route du thé et des fleurs),* quatre-vingt-cinq « préparateurs » chinois, dont le savoir-faire sera précieux pour l'Angleterre. SMD

France

Comme dans tous les grands pays d'Europe*, le thé apparut en France au tout début du XVIIe siècle. Il fut d'abord consommé très épisodiquement à Paris, par de rares privilégiés. Un nouvel élan fut donné par l'arrivée de Mazarin à la Cour, en 1639 : buvant du thé pour soigner sa goutte, le futur cardinal fit des adeptes parmi les princes. Le thé gagna peu à peu, tout au long des XVIIe et XVIIIe siècles, les milieux les plus aisés, sensibles à la mode de l'exotisme*.

De même que toutes les denrées nouvelles, il fut longtemps considéré davantage pour ses vertus curatives (voir Santé) que pour le simple plaisir qu'il pouvait procurer : ouvrages savants et thèses de médecine se multiplièrent dès les années 1640 pour vanter ses mérites, ou dénoncer ses méfaits. Ainsi la marquise de Sévigné pouvait rapporter les propos de la princesse de Tarente, évoquant le *landgrave* de Hesse-Cassel qui en prenait quarante tasses tous les matins : « Il était mourant, cela le ressuscite à vue d'œil. » Jusqu'en 1700, année qui vit le déchargement du premier navire français de retour de Chine*, l'*Amphitrite*, on importait de Hollande un thé de qualité médiocre et néanmoins hors de prix. Contrairement à l'Angleterre, qu'il avait rapidement conquise, le thé souffrit toujours en France de ses débuts aristocratiques et de son prix, longtemps supérieur à celui du café. Aujourd'hui, la France se distingue encore par sa faible consommation* de thé (bien qu'elle ne cesse de croître), mais ses marchands et ses experts sont à ce point renommés que les maisons françaises sont désormais présentes et reconnues aussi bien à Londres qu'à Tokyo. AS

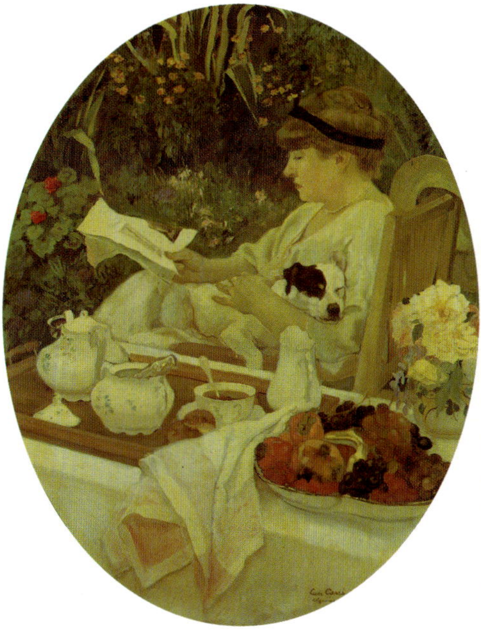

Louis Carré, *Le Thé dans le jardin*, 1910. Paris, Orsay.

FUMÉ
La singularité des Lapsang Souchong

Les Chinois ont découvert un très subtil moyen d'utiliser les Souchong (nom donné aux feuilles déjà âgées du théier, grandes et épaisses) qui ne sauraient donner telles quelles une infusion délicate : ils les parfument… en les fumant. L'opération se déroule de façon entièrement artisanale : après avoir été fermentées comme tous les thés noirs*, puis légèrement torréfiées sur une plaque de fer chauffée, les feuilles entières sont disposées sur des claies en bambou pour subir le fumage. Celles-ci sont placées au-dessus d'un feu de pin ou d'épicéa frais, bois très fumigènes et aromatiques, pendant une durée variable, selon la densité de parfum désirée.

Presque tous les thés fumés sont fabriqués dans la province de Fujian, à l'est de la Chine*, et à Formose* (Taïwan). Le Lapsang Souchong, légèrement fumé, est originaire de Chine, et le Tarry (Lapsang) Souchong, fortement fumé, de Formose : néanmoins ces deux pays produisent aujourd'hui des Lapsang Souchong des deux types pour répondre à la demande occidentale. Les Lapsang Souchong se présentent donc en feuilles entières, très longues puisque toujours roulées dans le sens de la longueur. Bien qu'en Occident ils puissent parfois (mais rarement) être proposés en feuilles brisées, par exemple pour la confection des sachets. Mais dans ce dernier cas, si l'infusion gagne en robustesse, elle perd beaucoup de sa légèreté qui est justement une des caractéristiques du Lapsang Souchong. Citons enfin un classique du genre, le Chine pointes blanches, un mélange* légèrement fumé et agrémenté de pointes blanches. AS/CD

Double page suivante : Michel-Barthélemy Ollivier, *Le Thé à l'anglaise dans le salon des Quatre Glaces du palais du Temple, à Paris en 1764*. H/t. Musée national du château de Versailles.

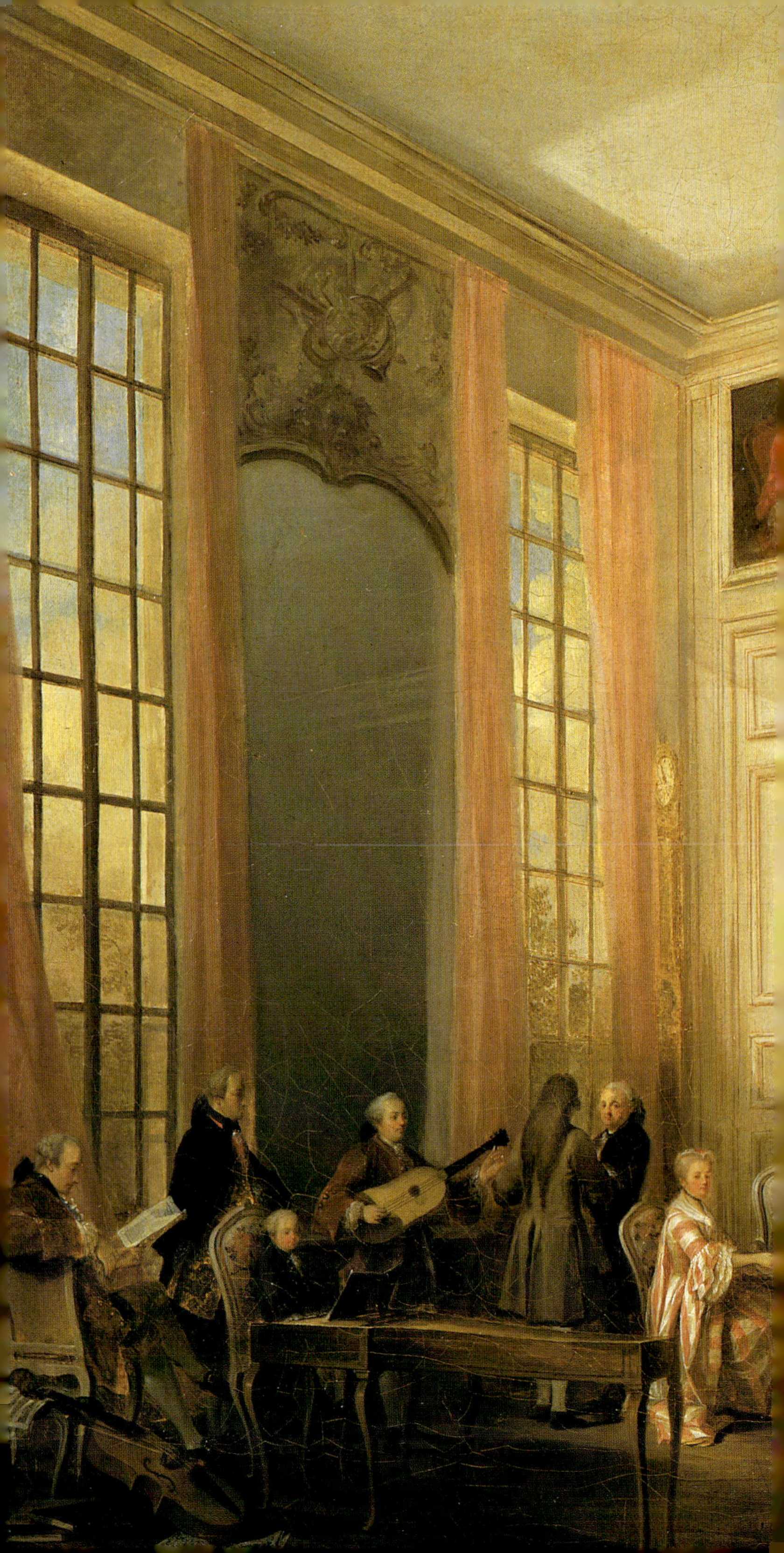

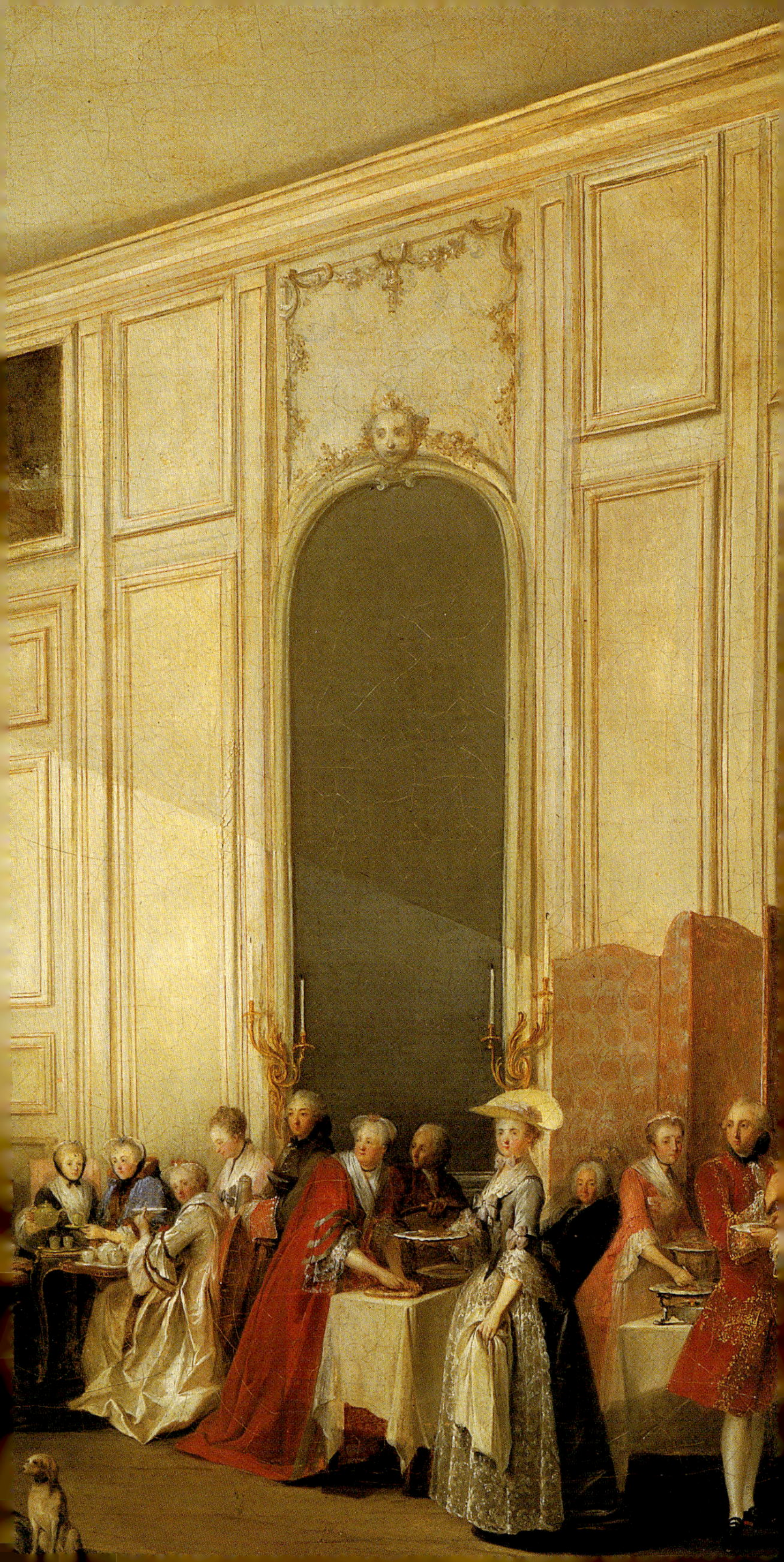

Glacé

En 1904 un négociant anglais de thé, nommé Richard Blechynden, s'installa dans un stand de l'Exposition Universelle de Saint-Louis : son but était de promouvoir auprès des Américains, qui ne connaissaient encore que le thé de Chine*, le thé noir* des Indes*. Or, on était en été et il faisait très chaud ; les visiteurs ne se bousculaient donc pas pour déguster l'infusion brûlante. Pris d'une subite inspiration, l'Anglais alla chercher quelques glaçons, les jeta dans un verre puis y versa son cher thé. Trouvant le résultat fort acceptable, l'inventeur le servit à une foule dès lors empressée : le thé glacé était né, qui allait connaître un succès considérable, d'abord aux États-Unïs, puis dans le monde entier. Une autre invention, plus récente, celle du thé instantané soluble* dans l'eau froide, fait de cette préparation un jeu d'enfant, sinon une boisson de qualité. Car la meilleure façon de préparer un bon thé glacé demeure l'infusion de feuilles entières.

On peut soit faire infuser du thé dans de l'eau froide, une douzaine d'heures au réfrigérateur, en doublant la dose habituelle de feuilles (on obtiendra néanmoins une boisson légère, très faible en théine du fait de la durée d'infusion) ; soit préparer son thé de la manière habituelle, mais avec moitié moins d'eau chaude, puis verser l'infusion ainsi obtenue sur des glaçons (on retrouvera davantage le goût et la force du thé classique). On emploie généralement des thés noirs corsés (type Ceylan*) ou parfumés* (type Goût russe*), mais rien n'empêche d'utiliser, par exemple, des thés verts*... AS

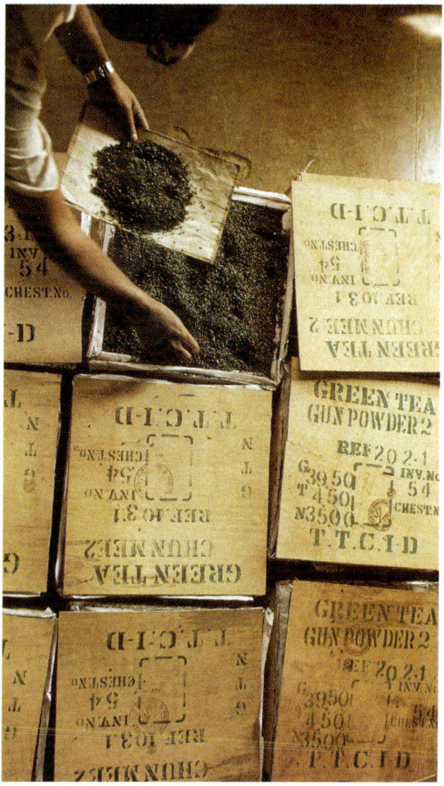

Caisses de Gunpowder, manufacture du Nilgiri, Inde méridionale.

Gunpowder

Parmi les thés verts*, le Gunpowder désigne celui composé à partir des plus jeunes feuilles, cueillies en général lors de la première récolte, en avril. Mais pour mériter ce nom (Gunpowder signifie « poudre à canon »), les feuilles doivent être roulées en petites boules de quelques millimètres de diamètre. Infusées nature, les très tendres feuilles du Gunpowder, après avoir un peu crépité en se déployant dans la théière, offrent un thé jaune-vert, très désaltérant. Les amateurs l'utilisent essentiellement pour la préparation du thé à la menthe*, dont il respecte la saveur et la couleur. Cette dernière boisson apparut au Maghreb au XIXe siècle. AS

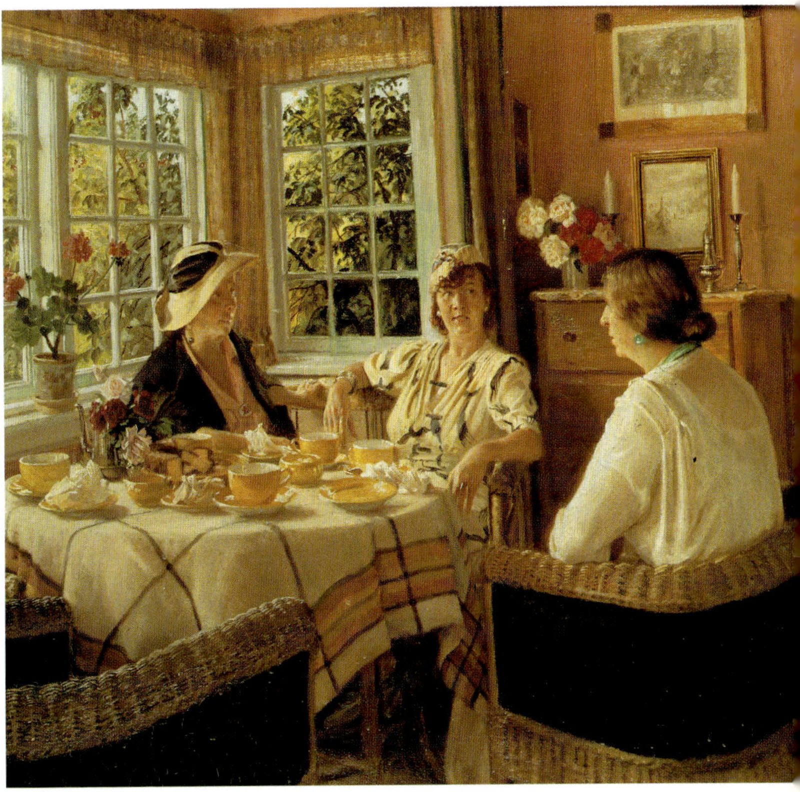

August Haerning, *Le Thé*, milieu du XXe siècle. Coll. part.

Heures du thé

Pour certains connaisseurs, les thés du petit déjeuner, de l'après-midi ou du soir ne sauraient provenir des mêmes feuilles. Pour d'autres, la variété des saveurs offertes est une constante sollicitation à suivre leurs envies du moment... Néanmoins, il est bon de connaître certains principes et certaines fausses vérités. Ainsi, dans son *Nouveau Londres*, paru en 1962, Paul Morand notait la coutume britannique : « Le thé fermenté est réservé à l'avant breakfast. [...] Plus la journée avance, plus le thé doit être vert et moins la feuille en est fermentée. » S'il est vrai que certains thés noirs* – Ceylan*, Assam*, Yunnan (voir Chine) ou Darjeeling* tardif – sont particulièrement recommandés le matin pour réveiller les papilles, les thés verts*, riches en vitamine C, ne conviendront pas le soir aux personnes sensibles à ce composant ; ils sont par contre tout à fait indiqué après déjeuner pour leur vertu digestive.
La plupart des thés peuvent accompagner les repas, le choix variant selon que les plats sont plus ou moins assaisonnés, salés, épicés, etc. Mais l'après-midi est peut-être le meilleur moment pour apprécier les thés les plus subtils ou les plus légers, comme les Darjeeling de printemps, les Keemun ou les grands thés verts. D'une saveur plus appuyée, les thés parfumés* se marieront bien avec le goûter (Earl Grey et Goût russe*), une cuisine délicatement parfumée

Japon, traditionnels paniers d'osiers emplis de feuille de thé.

(thé au jasmin), un brunch salé ou des plats légèrement épicés (thé noir fumé*). Enfin, passé dix-sept heures, certaines personnes devront préférer des thés semi-fermentés*, d'une grande richesse aromatique mais à faible teneur en théine.

Les grands *blenders* proposent en outre de très judicieux mélanges* conçus pour les différents moments de la journée : Morning Tea, Breakfast Tea, Afternoon Tea... par exemple. AS

Implantation

Le thé est une invention chinoise et le récit de sa découverte appartient au temps reculé des légendes*. Mais aujourd'hui, breuvage universellement apprécié, ses jardins* ne sont plus circonscrits à la seule Chine*. C'est à elle évidemment que revint l'initiative. Elle fit rayonner la culture du thé à ses frontières naturelles : la Corée semble avoir implanté le thé chinois dès le Ier siècle av. J.-C., alors qu'il n'apparut au Tibet qu'au VIIe siècle. Le Japon connut le thé en brique dès le VIIIe siècle, implanta des théiers au IXe et introduisit le thé en poudre (Matcha) au XIIe, en même temps qu'il importa de Chine le bouddhisme *chan* (zen* en japonais). Pendant près de mille ans, la culture du thé ne s'étendit pas au-delà.

Les Russes commencèrent à importer du thé chinois dès le XVIe siècle, grâce au commerce avec la Mongolie ; mais ils n'en débutèrent la production qu'au XIXe siècle, lorsque leur empire atteignit des zones australes, climatiquement favorables. Aux XVIIIe et XIXe siècles, les Anglais développèrent la consommation et l'implantation du thé à l'échelle de leur vaste empire politique et commercial. Ils découvrirent et cultivèrent le théier sauvage de l'Assam* en Inde*, et l'acclimatèrent à Ceylan*. Aujourd'hui ces deux pays rivalisent avec la Chine aux premiers rangs de la production* mondiale. C'est également le rayonnement culturel des Britanniques en Afrique et en Amérique du Sud qui entraîna l'acclimatation du thé sur ces deux continents. En dépit de la proximité géographique avec l'Inde et Ceylan, c'est aux Hollandais que revient le mérite d'avoir implanté le thé en Indonésie* (Java, Sumatra). Leurs premières expériences remontent à la fin du XVIIe siècle, mais elles n'aboutirent que cent ans plus tard. SMD

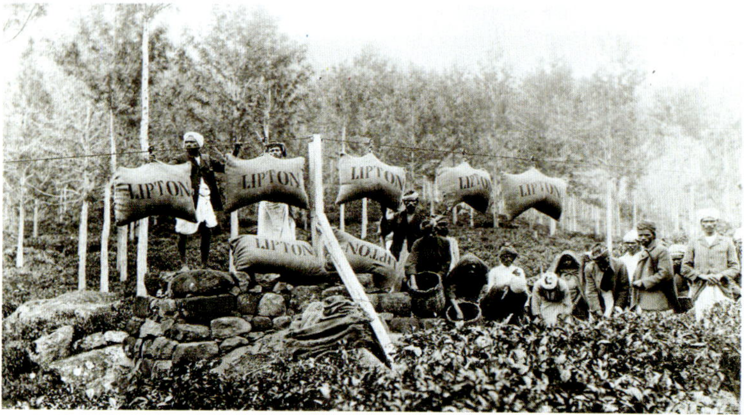

Dans une plantation cingalaise, transport par téléphérique des feuilles de thé jusqu'à la manufacture. Photographie, v. 1890.

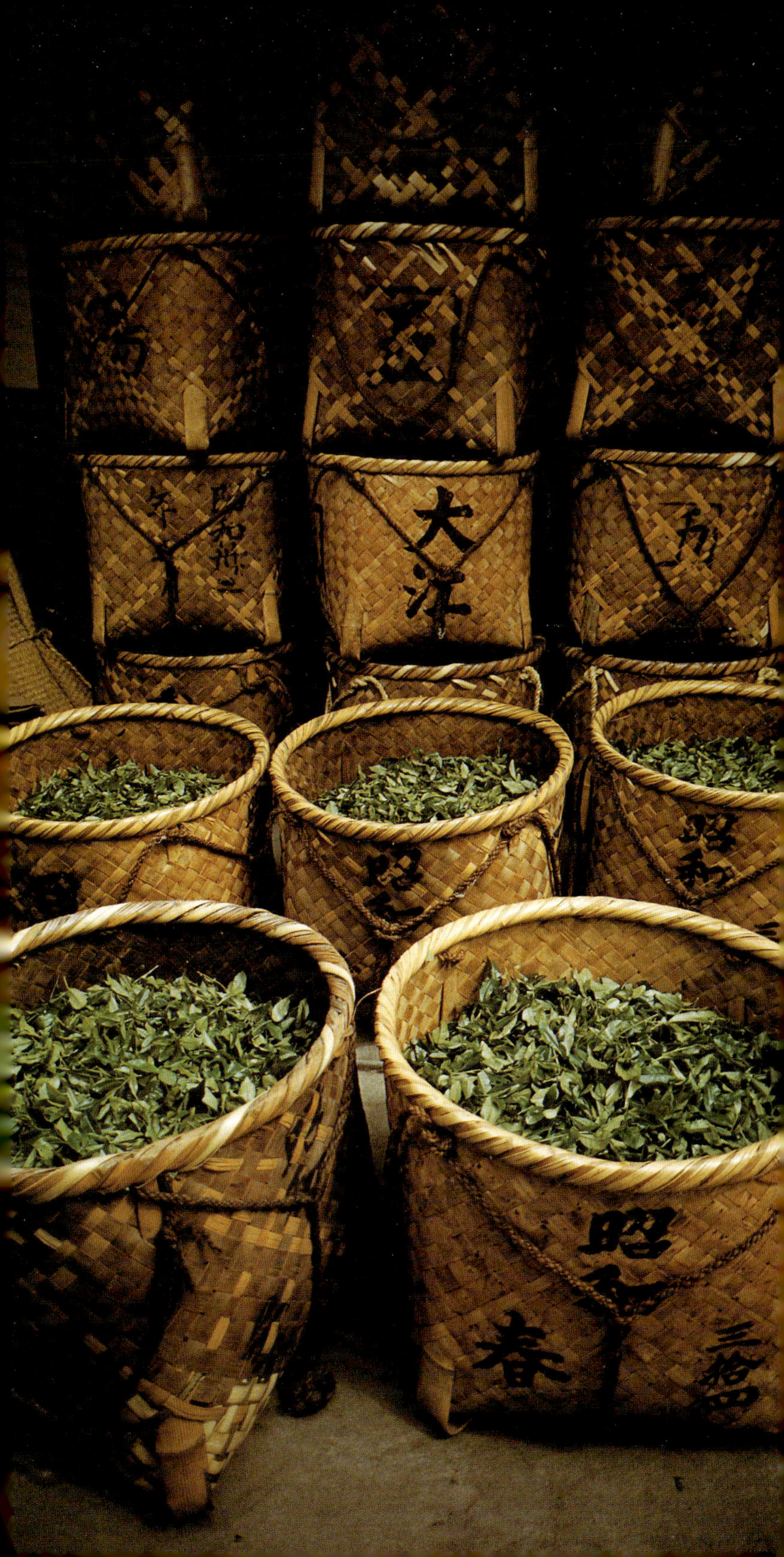
大洋
昭和
昭和
春

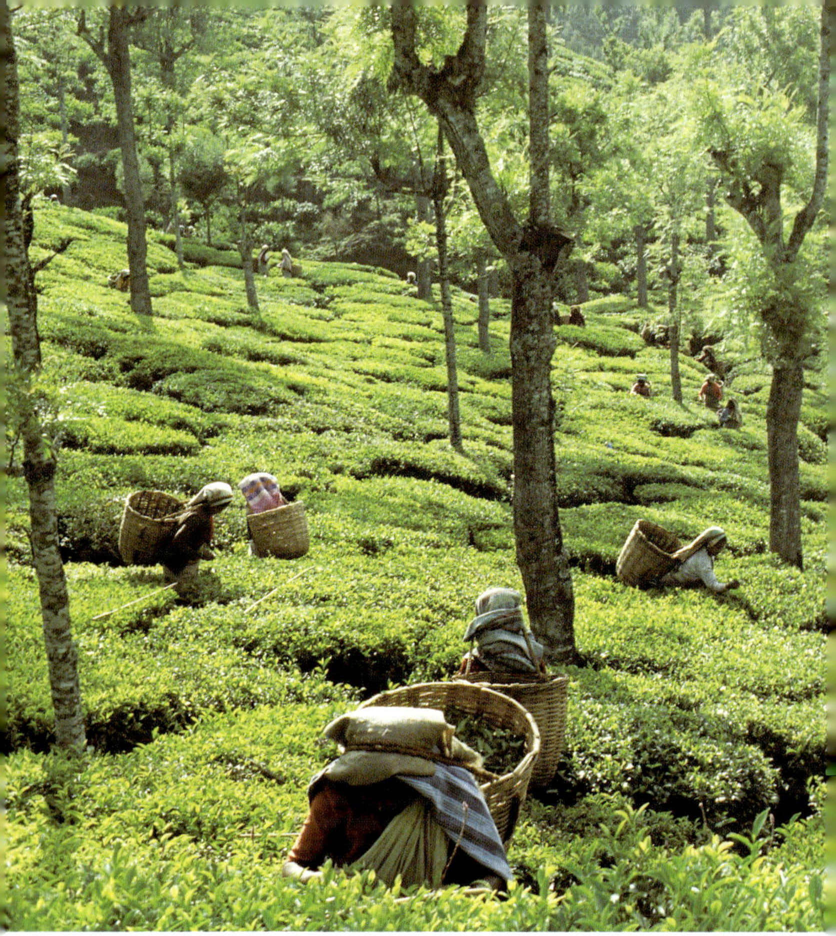

INDE

Implantés des rives du Brahmapoutre aux versants de l'Himalaya et jusqu'au Sud du pays, les thés noirs* de l'Inde se définissent par leur étonnante diversité.

Les thés d'Assam*, produits au nord-est, donnent, comme ceux de Ceylan*, des infusions sombres et corsées, à la saveur ronde et épicée, pleine de caractère. Ce sont par excellence des thés du matin, qui s'accommodent bien d'un nuage de lait*. L'Assam compte de nombreux jardins fameux, mais entre aussi dans la composition des mélanges* classiques de « goût britannique ». Les thés des hauts plateaux du Sud (Nilgiri, Travancore), plus puissants que ceux du Nord mais avec moins de caractère que les Ceylan, sont peu exportés. De même les Dooars et les Terai (thés des plaines du Nord), qui servent surtout à relever certains mélanges.

Les « grands seigneurs » indiens sont les Darjeeling, récoltés sur les contreforts de l'Himalaya. Thés de haute altitude, ils sont d'une incomparable finesse de parfum. La production des quatre-vingt-trois jardins de Darjeeling se décline par saison de cueillette*. On distingue ainsi les Darjeeling « first flush », jeunes thés de printemps dont l'infusion, très claire, a le goût du muscat vert. Cette récolte, au même titre que le vin nouveau, est très attendue par les connaisseurs. Les Darjeeling

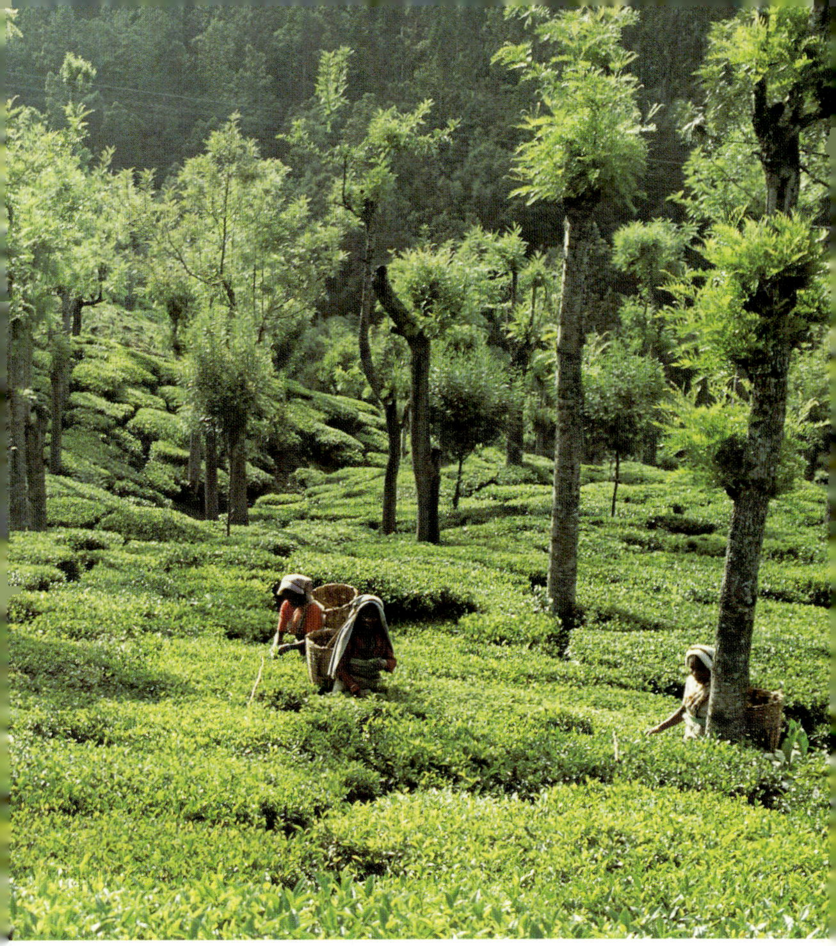

Jardin de thé de Tamilnadu.

« second flush », récoltés de mai à juin, sont plus charpentés que les précédents, avec un goût de fruit mûr. Les Darjeeling « in-between », cueillis en été, sont des thés intermédiaires, qui associent verdeur et maturité. Enfin, les Darjeeling « third flush » ou « automnal » proviennent de la cueillette d'automne et donnent une infusion cuivrée, au goût rond. Ces derniers peuvent être consommés en matinée, avec un peu de lait* froid, contrairement à tous les autres Darjeeling que l'on déguste nature et plutôt l'après-midi. Parmi les jardins les plus prestigieux, citons : Castleton, Gielle, Makaibari, Namring, Orange Valley, Puttabong, Singtom, Springside, Tukdah… CD

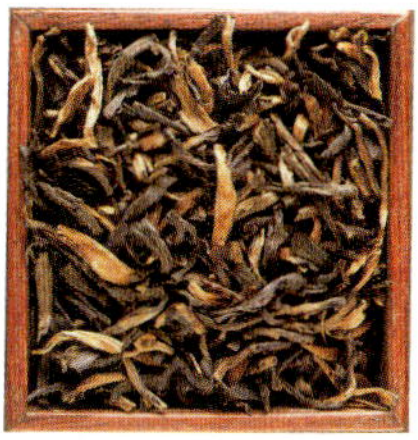

Napuk, F.T.G.F.O.P.1

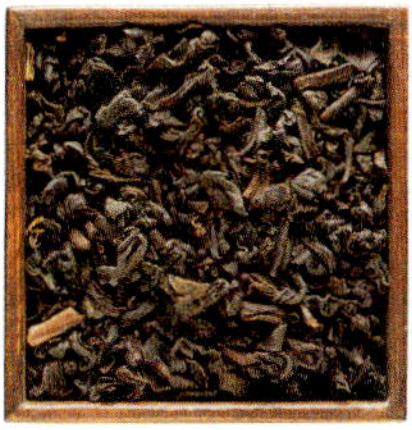

Travancore Highgrown, F.B.O.P.

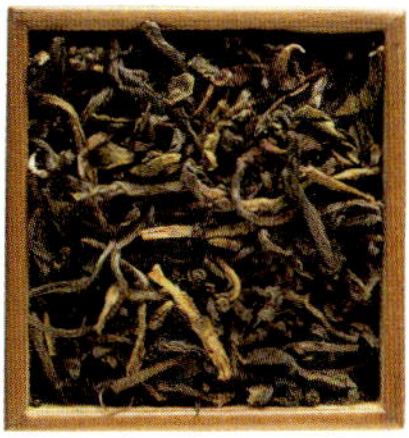

Darjeeling Namring, T.G.F.O.P.

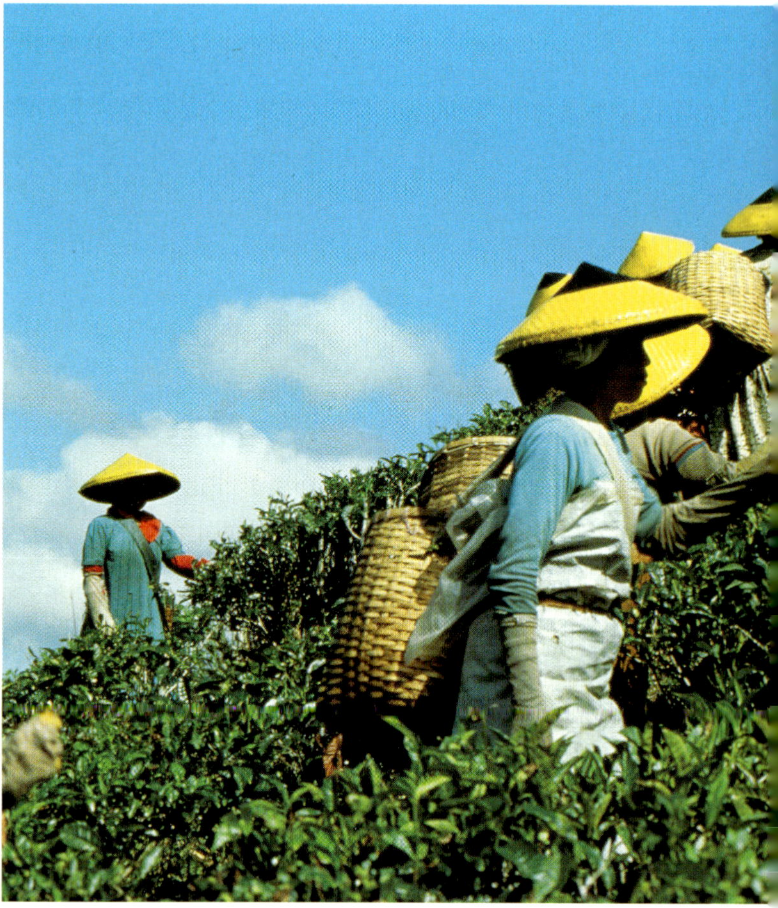

INDONÉSIE
Les trésors noirs de Java

L'histoire du thé dans l'archipel a commencé dès la fin du XVIIe siècle, lorsque des colons hollandais tentèrent d'y acclimater des plants venus de Chine*. L'expérience n'aboutit pas, mais fut renouvelée avec davantage de succès par le gouvernement hollandais au début du XIXe siècle, dans les parties montagneuses à l'ouest de Java et à l'est de Sumatra. Les plantations furent peu à peu cédées à des colons, qui surent avec beaucoup de savoir-faire – mais aussi des méthodes discutables à l'égard de la main-d'œuvre indigène qu'ils exploitèrent – produire des thés d'une qualité remarquable à partir de nouveaux plants venus de l'Assam*. L'indépendance de l'archipel, en 1949, et le départ des colons – qui avaient soigneusement confiné les Indonésiens aux tâches les plus subalternes – marquèrent la fin de l'âge d'or du thé indonésien. Par souci de rentabilité, presque tous les grands crus cultivés autrefois ont laissé place à des thés médiocres destinés à remplir des sachets en papier. Quelques rares jardins de grande qualité demeurent néanmoins, tels le Taloon ou le Malabar de Java, des thés noirs* aromatiques et suaves. AS

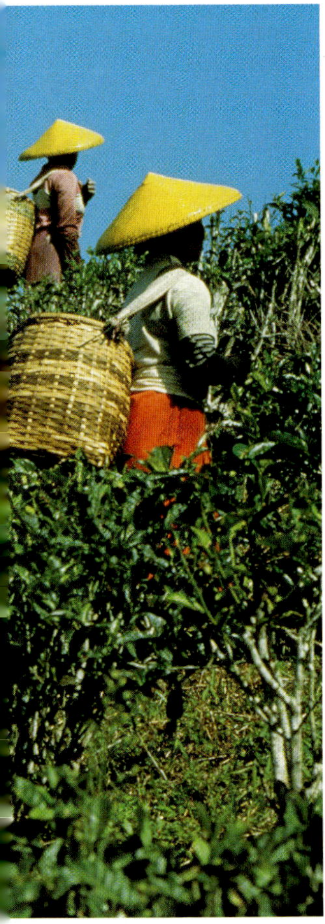

Cueilleuses de thé à Java, Indonésie.

Industrie

L'industrie du thé est née dans les années 1880, avec l'apparition des premières machines accélérant et simplifiant le processus de fabrication*, et particulièrement les étapes du roulage*, du criblage* et de la dessiccation* des feuilles. Une autre évolution, celle-là commerciale, contribua à la même époque à ce développement industriel : la diffusion du thé en paquet, concurrençant désormais la vente en vrac. La maison Horniman, la première à distribuer le thé en paquet, en vendait au début du XXe siècle cinq millions par an… L'un des premiers gros planteurs à adopter ces nouvelles techniques de fabrication et de commercialisation, y ajoutant un sens inné de la publicité, fut le génial Thomas Lipton*, que l'on peut considérer comme le premier industriel du thé.
Aujourd'hui, le thé industriel occupe une part écrasante du marché. Sa qualité est naturellement fort variable, mais ne peut rivaliser avec celle offerte par les détaillants spécialisés : ces derniers proposent des « grands seigneurs », nés dans les meilleurs jardins* du monde, qui ne peuvent faire l'objet d'une diffusion industrielle pour de simples raisons de coût de production et de quantité. Ce dernier facteur implique qu'un thé industriel est un mélange de feuilles provenant de plusieurs plantations. Il est désormais couramment produit par de nouvelles méthodes de fabrication (dites C.T.C. ou *Legg Cut)* qui simplifient et accélèrent le rythme de production. Le petit sachet en papier, enfin, fleuron de cette industrie, ne peut, pour de simples questions techniques de fabrication, contenir un bon thé. AS

Manufacture de thé en Indonésie. Photographie, fin du XIXe siècle. Amsterdam, Tropenmuseum.

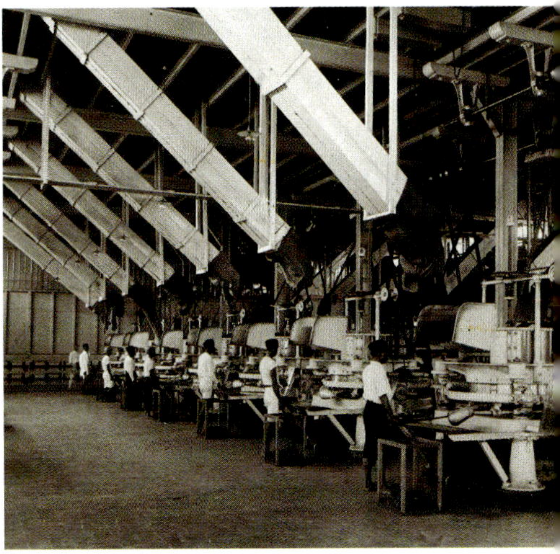

JAPON

Le Japon, qui est le septième producteur mondial de thé, produit exclusivement des thés verts*, remarquables pour leurs arômes naturels et leur fraîcheur végétale. D'ailleurs, dans les foyers japonais, ils sont traités comme de véritables produits frais puisque l'on veille à leur bonne conservation* en les rangeant au réfrigérateur ! Pour les non-initiés, le goût de ces thés verts est très surprenant. Il faut résolument oublier le lait* et le sucre* pour apprécier ces infusions pâles ou verdoyantes, qui accompagnent agréablement les repas et procurent une heureuse détente à toute heure* du jour. Il existe de nombreuses variétés de thés japonais mais leur exportation est limitée en raison de la forte consommation locale.

La plupart des thés japonais sont des Sencha, c'est-à-dire à feuilles entières et naturelles *(natural leaf)*, qui donnent des infusions vert pâle, à déguster l'après-midi. Ils regroupent toute une hiérarchie de thés, pour la plupart excellents.

Très cher, le Gyokuro, ou « Rosée précieuse », est le plus raffiné des Sencha. Couvert d'ombrières trois semaines avant la cueillette, il développe plus de chlorophylle et moins de tanin. De là le vert émeraude de ses feuilles et l'exceptionnelle douceur de son infusion. Mais compte tenu de son prix, c'est un thé à réserver pour les grandes occasions.

Le Matcha, ou « Mousse de jade liquide », est une poudre de thé élaborée à partir du Gyokuro, destinée à la fameuse cérémonie* du thé. Le Matcha donne une boisson concentrée et nourrissante, d'un très beau vert jade. En Occident, du fait de son arôme puissant et de sa teinte exceptionnelle, il est surtout recherché pour parfumer et colorer les sauces ou les sorbets. On l'utilise également pour le thé glacé*.

Parmi les Sencha de qualité supérieure, mais d'un prix plus abordable, citons aussi le Sencha Ariake, produit sur l'île de Kyushu et subtilement fleuri.

Le Japon exporte également deux spécialités : le Hojicha, un thé vert grillé dont l'infusion, au goût prononcé, accompagne bien les repas japonais, en particulier les poissons ; et le Genmaicha, un thé vert de qualité, mêlé à du maïs soufflé et du riz grillé : une curiosité, à déguster comme telle. CD

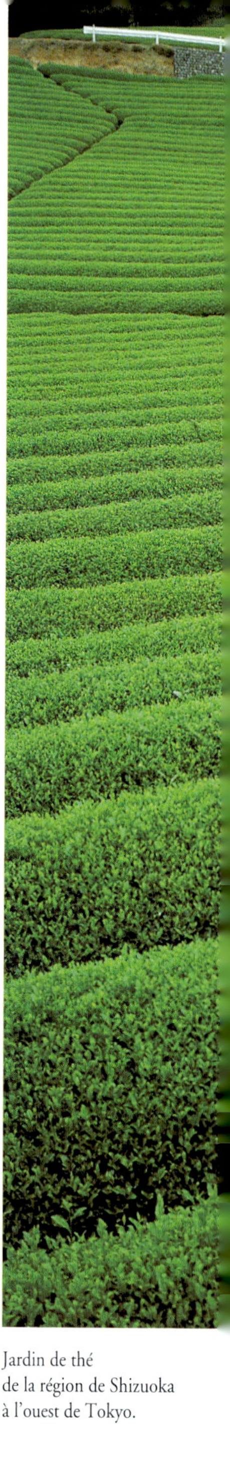

Jardin de thé
de la région de Shizuoka
à l'ouest de Tokyo.

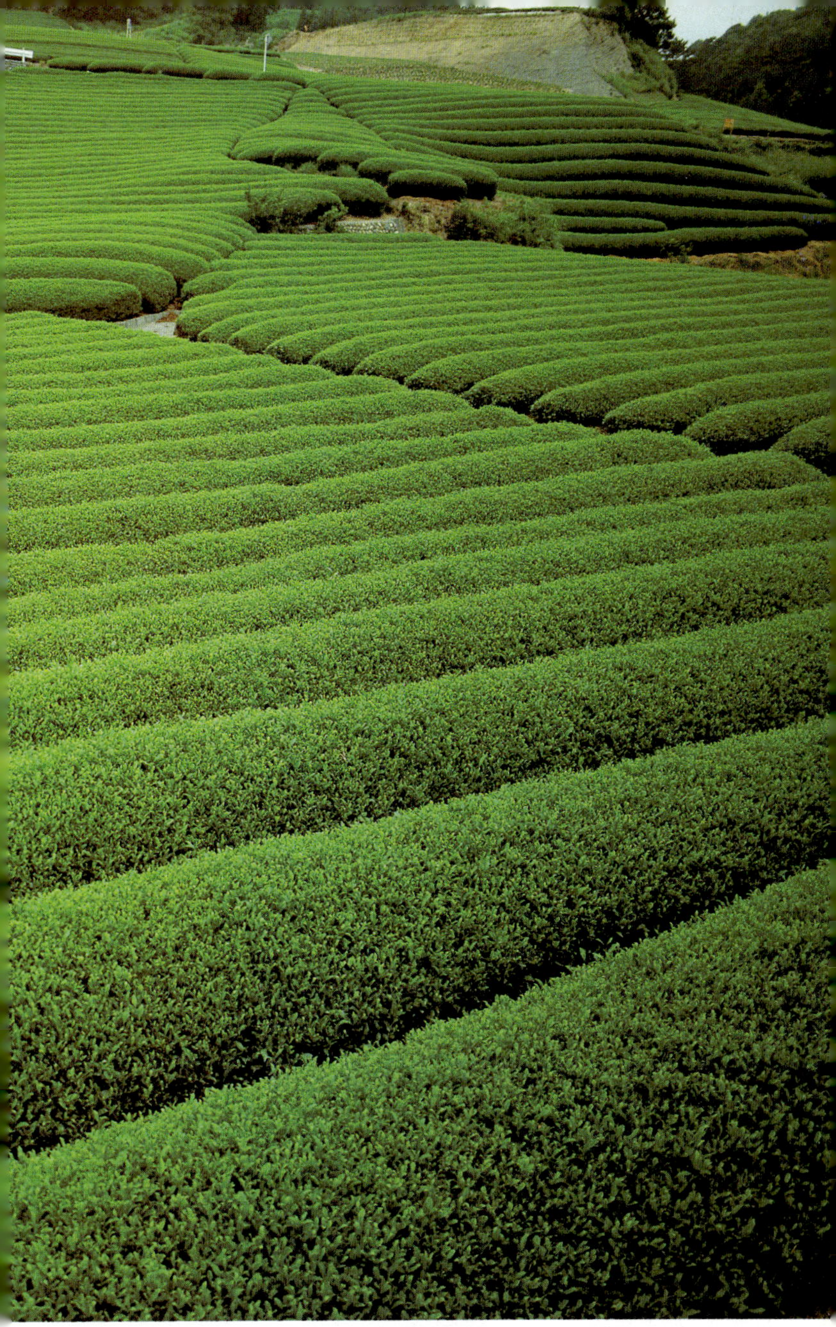

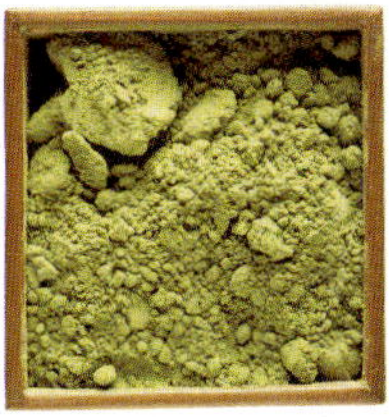

Matcha Uji

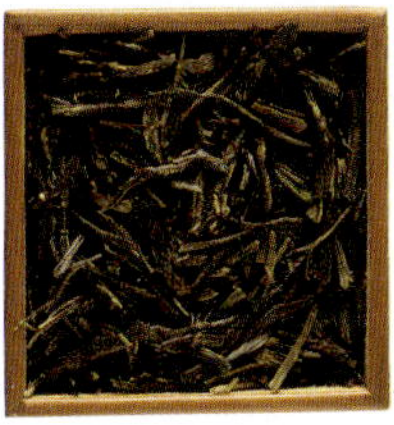

Gyokuro

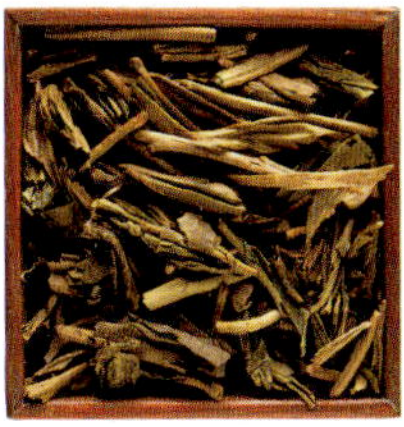

Hojicha

Jardin

Dans le très poétique vocabulaire du thé, on appelle « jardin » la plantation produisant un thé qui ne sera pas mélangé à un autre, et qui portera le plus souvent son nom. La similitude est ainsi entière entre un jardin de thé et un vignoble où naît un grand cru. Le jardin, quant à lui, offre souvent au connaisseur ce qu'on appelle un « grand seigneur », soit un thé de très grande qualité. Ainsi, déguster le thé d'un jardin, ce n'est pas simplement boire un Ceylan* mais savourer, par exemple, toute la finesse d'un Pettiagalla ou la saveur fruitée d'un Saint-James des Uva ; ce n'est pas simplement boire un thé vert* de Chine*, mais s'émerveiller du parfum d'un Lung Ching ou de la rondeur d'un Pi Lo Chun… On entre ici dans l'infinie richesse de l'univers du thé.

Malgré son nom, un jardin n'est pas forcément petit, et peut même compter plusieurs centaines d'hectares. Situé en général en haute altitude, il bénéficie toujours de conditions climatiques idéales. La cueillette* n'y est jamais mécanisée et est généralement confiée aux mains expertes des femmes. Contrairement au thé de consommation courante, celui d'un jardin est le plus souvent commercialisé en feuilles entières et en vrac. AS

Kenya

C'est après son indépendance, en 1963, que le Kenya, jusqu'alors surtout réputé pour la qualité de son café, s'est lancé dans la culture du thé. Il s'agissait d'abord de satisfaire une forte consommation locale, due naturellement à l'influence britannique. Profitant de l'expérience de planteurs et de techniciens britanniques ayant quitté l'Inde après 1947, le pays a su produire sur ses hauts plateaux un thé noir* gagnant chaque

Cueilleuses de thé dans la région de Tamilnadu, Inde du Sud-Est.

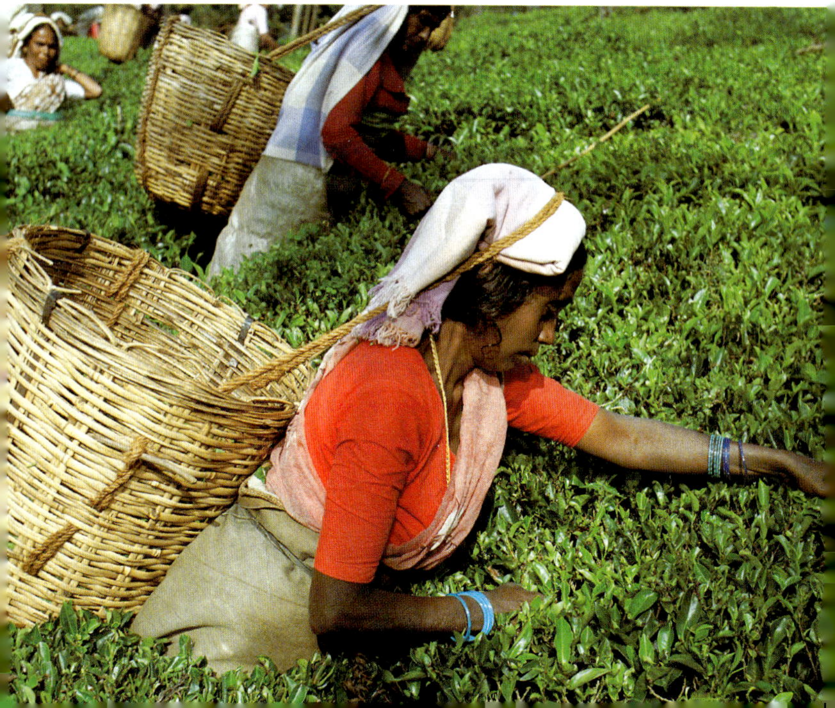

année en qualité. Grâce à l'action très exigeante de la Kenya Tea Developement Authority, créée en 1974, on trouve désormais dans le pays de grands jardins*. Le plus réputé est le Marinyn, qui produit un thé à feuilles entières ou brisées et à pointes dorées. Avec une quantité annuelle d'environ 210 000 tonnes, le Kenya se place aujourd'hui au quatrième rang des pays producteurs (après l'Inde*, la Chine* et Ceylan*). Et avec une consommation* par an et par habitant d'environ 600 grammes, il devance, de loin, la France. AS

Lait

On dit, certainement à tort, que la coutume discutable du thé au lait serait née en France, inventée au XVIIe siècle par Madame de La Sablière. Avec ou sans lait ? Telle est la question… qui ne doit être posée qu'avec certains thés noirs*, ceux à liqueur foncée, natures et corsés. Pour un véritable amateur, en effet, la seule pensée d'ajouter du lait à un thé vert*, à un léger thé noir à feuilles entières, à un thé fumé* ou parfumé*, est déjà criminelle. Le lait n'a qu'un seul avantage : adoucir les thés puissants, parfois amers, à certaines heures où nos papilles réclament de l'onctuosité. Une autre question se pose, plus judicieuse : faut-il verser le lait froid *avant* ou *après* le thé ?

En Grande-Bretagne, la tradition exige le *milk in first*, « le lait d'abord », coutume à l'origine destinée à éviter que la précieuse porcelaine* ne se craquelle au contact de l'infusion brûlante ; mais certains préfèrent verser le lait après, afin de mieux contrôler la couleur du breuvage. Enfin, la dernière question cruciale fut posée à Cecil Roth par un serviteur du baron Alfred de Rothschild, dont il était l'hôte : « Jersey, Herford ou Sorthorn, Sir ? » Il s'agissait de la race de la vache… AS

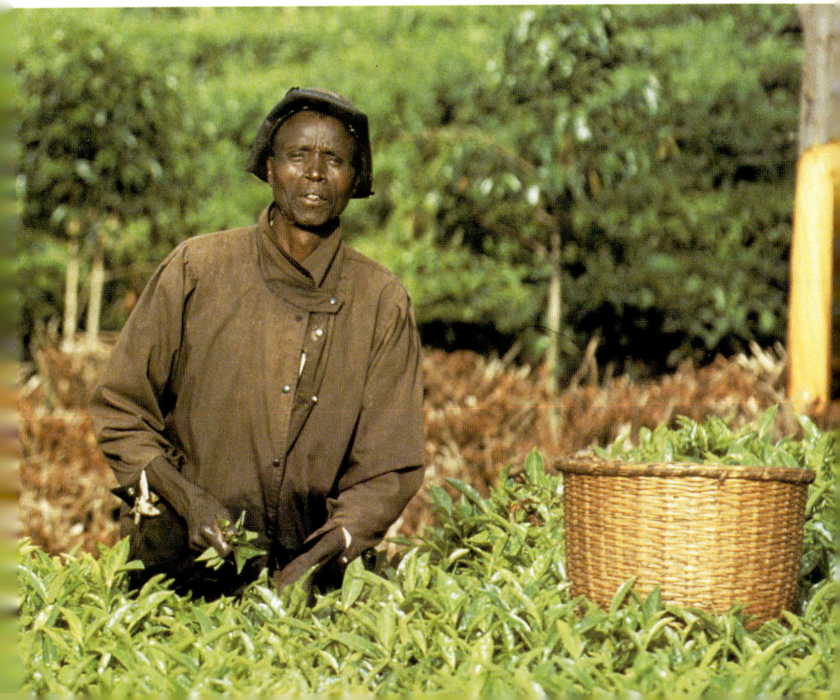

Récolte de thé dans la région de Meru, Kenya.

Légende

Les deux plus belles légendes du thé sont d'origine asiatique et liées soit à la création du monde, soit au bouddhisme.
Lorsque la Terre fut créée, les empereurs de Chine étaient alors des dieux. L'un d'entre eux, Chen Nung, se souciait particulièrement du bonheur des hommes. Il leur avait donc appris l'agriculture et avait créé pour eux le blé, le riz, le millet, le sorgho et le soja. En dépit de tous ces bienfaits, Chen Nung considérait encore son œuvre imparfaite. Ne manquait-il pas aux hommes le moyen de se prémunir contre les maladies ? Il inventa donc la médecine et recommanda à chacun de ne boire que de l'eau au préalable bouillie. Un jour qu'il se délassait à l'ombre d'un arbuste, ayant soif il fit bouillir un peu d'eau. Un souffle d'air arracha trois feuilles à la plante, qui tombèrent dans sa tasse où elles infusèrent. Chen Nung, par curiosité, goûta cette boisson et la trouva délicieuse. Il donna un nom à l'arbrisseau inconnu.
La légende bouddhique attribue l'origine du thé au Bodhidharma. Un jour, épuisé par neufs années de méditation ininterrompue, et alors qu'il avait fait le vœu ne plus jamais dormir et de s'abstenir de tout désir, le sommeil le surprit. Le saint homme fit alors de voluptueux rêves d'amour. À son réveil, l'immensité de sa faiblesse le plongea dans le désespoir. Autant pour se punir que pour éviter de s'endormir à nouveau, il trancha ses paupières et les enterra. Elles prirent racines et donnèrent naissance à deux arbustes, qui possédaient la faculté de favoriser « l'éveil », au sens propre et au sens figuré. SMD

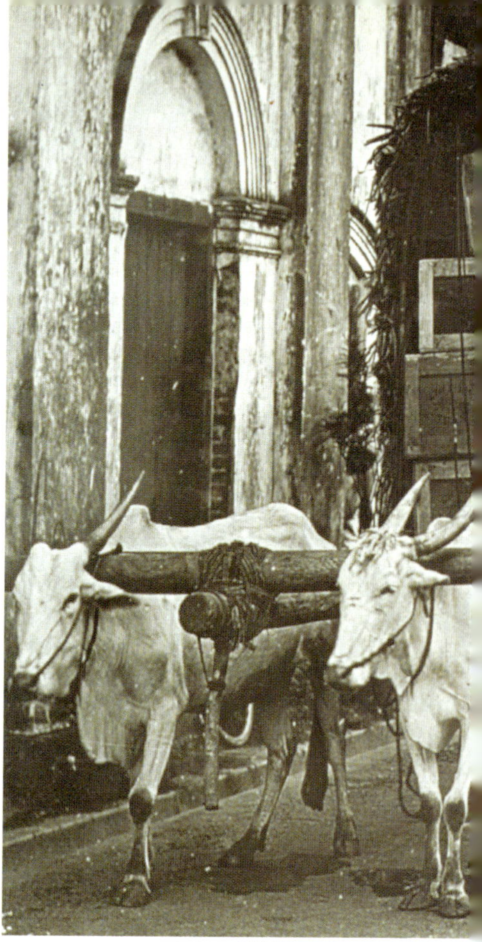

Chargement de caisses de thé Lipton à Ceylan, v. 1900. Archives Lipton.

Lipton (Thomas)

D'origine irlandaise, Thomas Lipton (1850-1931) naquit en 1850 à Glasgow, où sa famille s'était installée après avoir fui la grande famine de 1848. Son enfance se passa sur les docks du port écossais et lui inspira peut-être le goût du voyage et la passion des navires. Comme beaucoup d'autres, le jeune homme déraciné s'exila en Amérique pour tenter sa chance. De retour à Glasgow quelques années plus tard, en 1871, il fonda une petite épicerie avec les 500 dollars qu'il avait pu économiser dans le Nouveau Monde. Son génie fut d'appliquer à son négoce les méthodes publicitaires apprises en Amérique. Il installa deux miroirs déformants dans sa vitrine. Le premier renvoyait aux passants l'image de

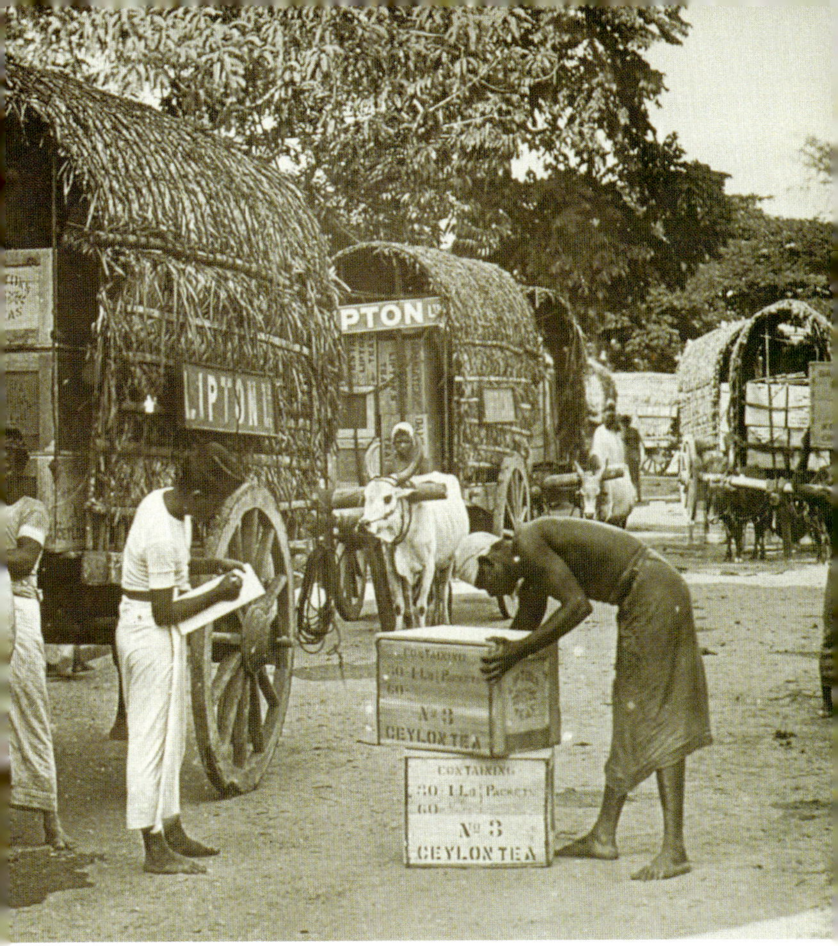

silhouettes décharnées et était légendé : « Avant d'entrer chez Lipton ! » Le second, qui arrondissait les formes, indiquait évidemment : « En sortant de chez Lipton ! » Tous les habitants de Glasgow finirent par connaître le nom de Lipton sans pour autant avoir jamais mis les pieds dans son magasin. Quand Thomas Lipton s'installa à Londres, en 1894, il était déjà millionnaire. Il acheta à petit prix des terres à Ceylan*, dont les plantations de café avaient été ruinées par un parasite, et y développa la culture du thé. Pour lancer son affaire, comme à son habitude, il organisa une énorme campagne de publicité sur le thème : « De la plantation à votre table, sans intermédiaire ! » Lipton se fit beaucoup d'ennemis chez les petits commerçants, mais il sortit milliardaire de l'aventure. En dehors du thé, Lipton se passionna pour les voiliers. Il participa régulièrement au défi de l'America's Cup, et arma plusieurs bateaux de course qu'il baptisa systématiquement *Shamrock* (le trèfle irlandais). Jamais il ne remporta le trophée, mais tout le monde se passionna pour ce milliardaire excentrique. Une fois encore, on ne parlait que de lui ! Thomas Lipton mourut en 1931, après avoir été anobli par la reine en 1902. Sir Thomas Lipton aura donc tout réussi ! SMD

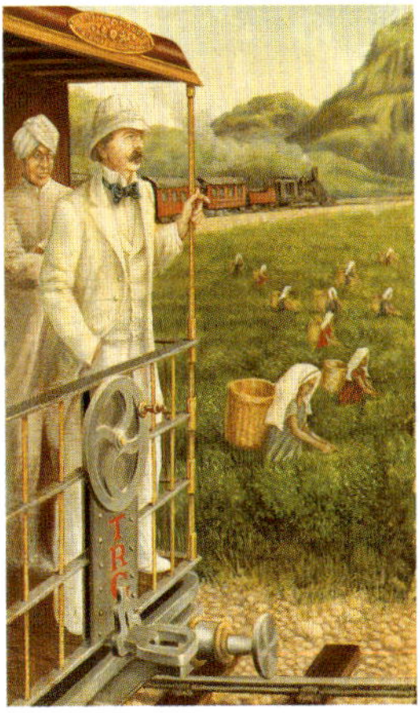

Thomas Lipton visitant ses jardins à Ceylan, v. 1895. Archives Lipton.

Littérature européenne

Omniprésent dans la poésie millénaire chinoise et japonaise, le thé l'est également dans la littérature anglaise depuis le XIXe siècle. De Charles Dickens *(Contes de Noël)* à Agatha Christie *(Une tasse de thé)*, la tasse de thé fut aussi bien l'instrument du crime que l'élément propice à la description de toutes les classes de la société victorienne. Étrangement, le thé y est rarement traité comme un sujet à part entière, sans doute parce que, trop intimement mêlé à la vie de tous les jours, on finit par l'oublier. George Orwell, cependant, publia un essai (oublié) intitulé *Une bonne tasse de thé*, dans lequel on apprend que le sucre tue le goût du thé et que plus on vieillit, plus on aime boire son thé fort. Un roman de Len Deighton, intitulé *SS-GB*, imagine une Angleterre dominée par les nazis en 1940 : les Allemands préviennent toute velléité de révolte de la population occupée en l'approvisionnant régulièrement en ersatz de thé ! Des écrivains français, tels Balzac et Proust, confessèrent leur passion pour le thé. Dans *La Cousine Bette*, Balzac confère au thé de Valérie un grand pouvoir sensuel. Ce bourreau de travail fit également paraître un *Traité des excitants* dans lequel il attribue au thé les mêmes vertus que lui prêtaient déjà les moines bouddhistes. Chez Proust, la célèbre évocation des « petites madeleines » est liée au souvenir de la saveur du thé : le premier livre d'*À la recherche du temps perdu, Du côté de chez Swann*, faillit d'ailleurs s'appeler *Jardins dans une tasse de thé*. SMD

Albert Anker, *Thé et madeleines*, 1873. H/t. Coll. part.

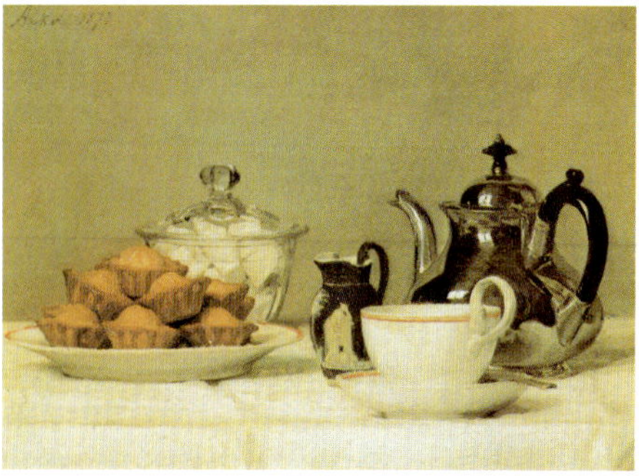

« Enfin Rastignac se leva sans trop bâiller, comme font tant de gens malappris, sonna son valet de chambre, se fit apprêter du thé, en but immodérement, ce qui ne paraîtra pas extraordinaire aux personnes qui aiment le thé. »

Honoré de Balzac, *Étude de femme*, février 1830.

Loolecondera

Raconter l'histoire du domaine de Loolecondera, c'est raconter l'histoire du thé de Ceylan*. Durant des siècles, on n'y trouva aucune trace d'un quelconque plant de thé. Lorsqu'en 1802 l'île devint une colonie de la Couronne britannique, sa prospérité reposa sur la culture du café. En 1839, le docteur Wallich, responsable du Jardin botanique de Calcutta, expédia à Ceylan quelques graines de théier de l'Assam* (Inde*). L'acclimatation réussit en tout point, mais la culture du thé en resta à ce stade expérimental. Or, en 1869, un champignon parasitaire (l'*Hemileia vastatrix)* ruina la totalité des plantations de café dans l'île. Toute l'agriculture devait se reconvertir et le thé apparut alors comme la meilleure solution de rechange. Rien n'aurait été possible, cependant, sans l'heureuse initiative d'un certain James Taylor*, qui développa la culture du thé au domaine de Loole-

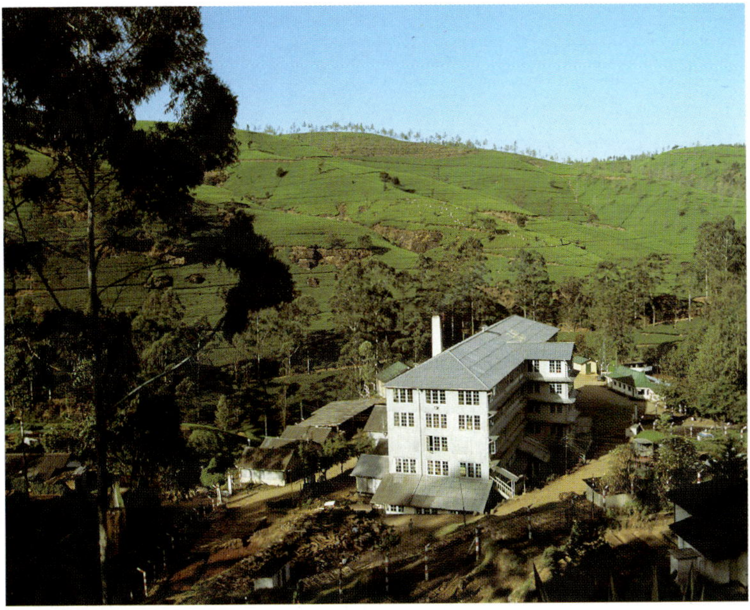

Manufacture de thé à Ceylan.

condera. Mû par une forte détermination et un sens pratique extraordinaire, Taylor remporta le pari de produire un thé d'excellente qualité. À partir des années 1870, la production de Loolecondera parvint régulièrement à Londres et à Melbourne (Australie). Le succès de Taylor encouragea d'autres planteurs à s'établir, et Ceylan devint bientôt l'île du thé au même titre qu'elle avait été celle du café. En 1894 fut créée l'Association des négociants en thé de Colombo : le thé de Ceylan était né, grâce à celui de Loolecondera. SMD

Manufacture

Toutes les étapes de la fabrication* du thé (excepté les mélanges* et l'ajout d'essences des thés aromatisés*, qui se pratiquent en général dans les pays importateurs) se déroulent dans une manufacture, toujours située à proximité des lieux de cueillette*. La feuille fraîchement cueillie, en effet, doit être transformée très rapidement pour ne pas perdre ses qualités. La manufacture peut appartenir à la plantation, ou traiter les récoltes de plusieurs petites exploitations voisines. Entre l'aspect parfois archaïque des *factories* en Inde* et à Ceylan* et la netteté technologique de certaines usines au Japon*, la diversité des manufactures est grande. Contrairement à la plantation où travaillent les cueilleuses, la manufacture est le royaume des hommes : à Ceylan, par exemple, ouvriers et techniciens, en short très britannique, s'affairent au milieu des machines, dans la pénombre, la chaleur et le bruit incessant. Mais la manufacture comprend aussi toujours une pièce bien éclairée, plus calme et silencieuse : la salle de dégustation, où la qualité des thés de chaque parcelle du jardin*, et de chaque grade (voir Classification) obtenu à l'issue de la fabrication, est systématiquement vérifiée. AS

Pages suivantes :
Préparation de mélanges de thés par un dégustateur, Ceylan.

Femmes prenant le thé, Marrakech, Maroc.

Mélange

L'art des mélanges (ou *blends*) est la science des experts dégustateurs*, également appelés *tea tasters*. L'une de leurs tâches consiste à associer des thés de différentes qualités afin d'obtenir des produits normalisés, de goût et de prix constants. Tel est le secret des grands standards anglo-saxons. Mais parfois ces experts – comme les « nez » de nos grands parfumeurs – imaginent des saveurs tout à fait inédites. Dans ce domaine, les meilleures maisons françaises sont particulièrement créatives. En dosant les crus les plus divers, elles parviennent à proposer des thés à la personnalité originale. Ces mélanges qu'on dit « classiques », c'est-à-dire qui conjuguent la saveur de divers thés, sont les plus difficiles à réaliser, bien plus délicats que les mélanges parfumés* qui associent au thé des arômes de fleurs ou de fruits.

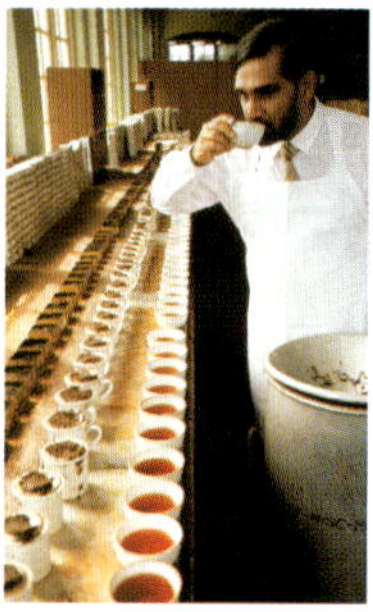

Outre du talent et de l'intuition, ils demandent de respecter quelques règles de base. On évite tout d'abord de mélanger des thés de grand caractère qui se nuiraient les uns les autres. Il convient de choisir une base neutre, comme un thé noir* à la personnalité pas trop affirmée, de Chine* ou d'Inde*, qui donnera à l'infusion une belle couleur. Après quoi on ajoutera des notes plus fines et plus typées : un peu de Lapsang Souchong pour un goût fumé*, un soupçon de Darjeeling* pour une saveur fruitée, ou encore quelques grammes de thé vert* qui apporteront de la fraîcheur et éclairciront l'infusion.

Mais, avant tout, il est important de savoir pour quelle heure du jour, pour quel moment de détente, ce thé est destiné. Ainsi les « Breakfast » classiques se composent à proportions variables de thés brisés d'Assam*, de Ceylan* et d'Indonésie*, et de thé d'Inde du Sud ou du Bangladesh. Idéal pour le petit déjeuner sucré, ce type de mélange se déguste avec un nuage de lait*. Les mélanges destinés à l'après-midi se doivent d'être plus légers, et n'utiliseront, le plus souvent, que des feuilles entières, de Ceylan ou d'Assam pour le corps, et de Darjeeling pour le parfum.

Il existe également des mélanges classiques de thés de Chine*, et même des alliances entre Inde et Chine, thés verts et noirs, doux et corsés… Les grandes maisons de thé proposent leurs propres mélanges sous des noms qui donnent parfois à rêver : laissez-vous guider par les conseils d'un spécialiste et par… votre odorat. CD

Menthe

D'une merveilleuse et quasi légendaire douceur, le thé sucré à la menthe est le nectar favori des Maghrébins, dégusté à toute heure. Cette tradition est relativement récente : c'est au milieu du XIXe siècle que les négociants en thé britanniques, confrontés à la perte du marché slave lors de la guerre de Crimée, se tournèrent vers le Maroc. Le thé vert* y reçut un bon accueil, car il atténuait l'âcreté de la traditionnelle infusion de menthe sans dénaturer son goût ni sa couleur. Depuis, dans les pays du Maghreb, le thé à la menthe fraîche, d'un

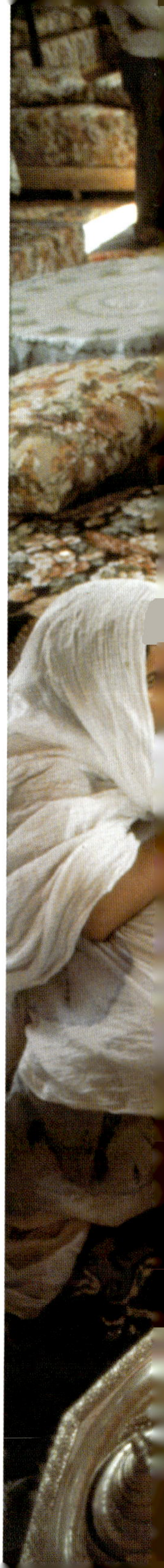

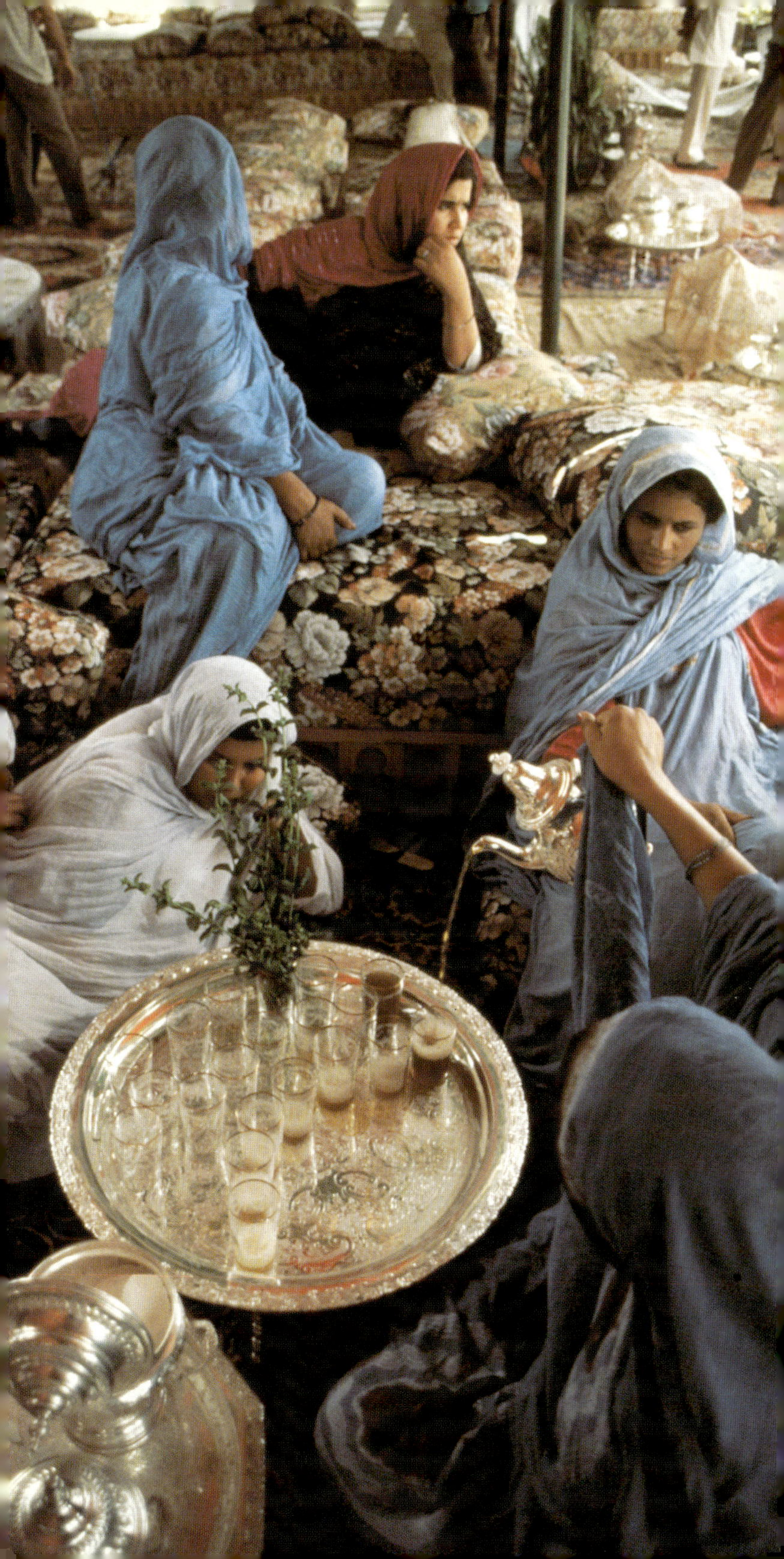

De haut en bas : thés noirs, *Taloon*, T.G.F.O.P., Indonésie. *Misiones*, B.O.P., Argentine. *Jamirah*, G.F.B.O.P., Assam, Inde.

beau jaune ambré, se prépare exclusivement avec du thé vert, surtout du Gunpowder*. Sa préparation est généralement l'affaire du chef de famille. Au Maroc, au cours du rite traditionnel d'hospitalité, deux théières différentes sont utilisées, et trois infusions successives sont servies. C'est une boisson de plus en plus corsée qui est donc versée – de haut pour la rendre mousseuse – dans des petits verres souvent décorés de couleurs vives. Ils sont présentés aux hôtes sur un plateau rond, en métal plus ou moins précieux, et finement ciselé. Quand la menthe fraîche vient à manquer, elle peut être remplacée par des feuilles d'absinthe ou de géranium. En Tunisie, on le sert parfois avec des pignons de pin légèrement grillés. AS

NOIR : LE THÉ QUI A CONQUIS L'OCCIDENT

Le thé noir (ou thé fermenté) peut apparaître comme une tradition occidentale : il représente en effet la totalité de la production des anciennes colonies britanniques – Inde* et Ceylan* – et est en Chine* presque exclusivement réservé à l'exportation. Néanmoins, la rumeur selon laquelle il fut le produit accidentel d'une cargaison de thé vert* chinois ayant fermenté durant une trop longue traversée relève certainement de la légende. Tous les thés noirs ont en commun une infusion colorée – de l'orange pâle (pour un Darjeeling de printemps) au brun rouge (pour un thé du Kenya*) –, une saveur ronde et douce. Mais au-delà de ces généralités, leur personnalité est très différente d'un pays à l'autre.

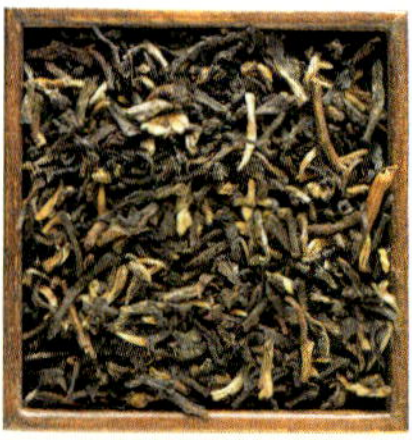

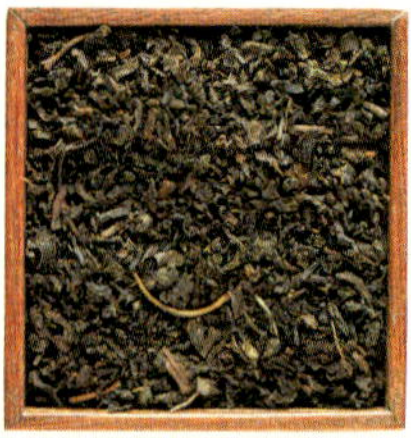

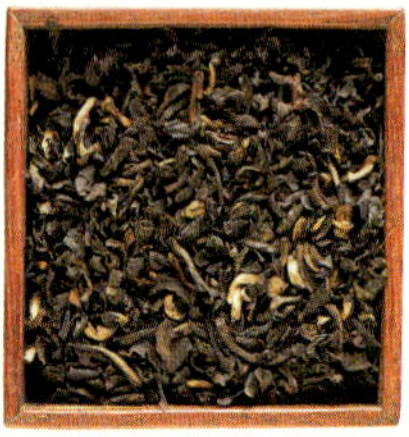

La Chine se distingue par la grande variété de ses thés noirs, dont une faible partie sont fumés*. Les grands thés du Yunnan, ronds et pleins, ont la particularité d'associer parfum et puissance, d'où leur surnom de « Moka du thé ». Les Keemun, plus fins et plus légers, sont renommés pour leur parfum d'orchidée. Ces thés sont toujours proposés en feuilles entières.

Les thés noirs d'Inde ou de Ceylan sont proposés en différents grades (voir Classification) de feuilles, définissant une hiérarchie de goûts plus ou moins corsés. Cette notion de corps et de force est caractéristique des thés noirs de tradition britannique, mais il faut la relativiser. Ainsi les Darjeeling*, dont la saveur varie selon les saisons de cueillette*, se révèlent, surtout ceux de printemps, aussi frais et légers que des thés semi-fermentés. De même les thés de Ceylan, très corsés si on les choisit en B.O.P. ou en Fannings, peuvent donner en feuilles entières (F.O.P. ou même O.P.) des infusions douces et aromatiques. Les Assam*, pour leur part, donnent des thés maltés, puissants et de liqueur très foncée.

La plupart des mélanges* classiques qu'on trouve dans le commerce utilisent des thés noirs. Les plus connus d'entre eux, d'inspiration britannique, mêlent par exemple les thés des trois grandes régions productrices (Chine, Inde, Ceylan). L'Assam* et le Ceylan sont souvent associés en B.O.P. pour les *Breakfast Teas*, ou en feuilles entières pour les *Afternoon Teas*, plus légers. Depuis quelques années, les experts français réalisent des mariages plus inattendus et raffinés : du Darjeeling et de l'Assam savamment dosés pour l'infusion du *brunch*, ou d'autres associations, plus délicates encore, comme celle du Darjeeling et du Yunnan. CD

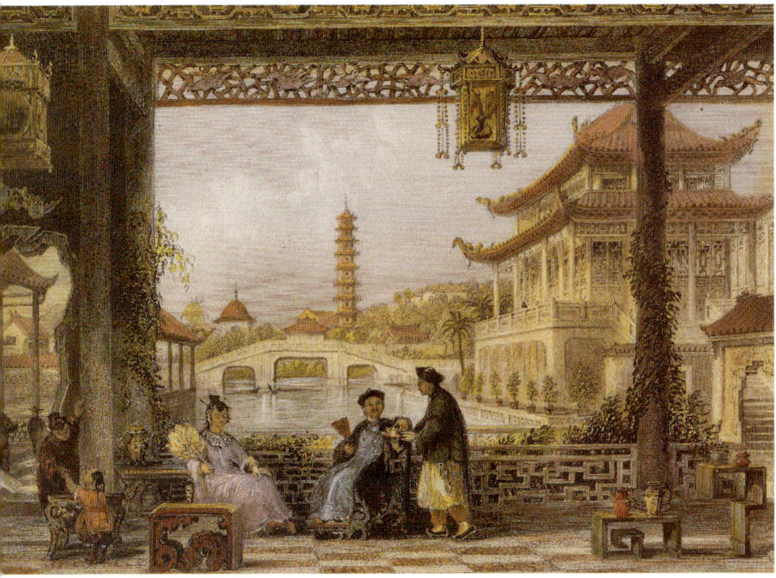

Pavillon et jardin d'un mandarin, près de Pékin. Gravure coloriée du XIXe siècle. Paris, archives du musée du Thé Mariage Frères.

Orient

Il y a quelques années, cité dans *Le Livre de l'amateur de thé*, l'écrivain d'origine chinoise Han Suyin résumait la différence entre le thé d'Occident et celui d'Orient : « La "tea party" anglaise, l'heure du thé, me semble une mauvaise adaptation du thé à la chinoise ; je ne prends pas le thé à la façon anglaise, avec lait, sucre, pâtisseries, sandwiches, etc. [...] En Chine c'est un geste d'hospitalité, d'amitié, et c'est aussi excellent pour la santé. On est constamment "irrigué", on ne risque pas de consommer d'alcools durs, ou de trop manger. Le thé est un régulateur de toutes les forces vitales. » À la différence d'un thé occidental gardant toujours la trace d'un raffinement aristocratique, l'oriental est avant tout l'indispensable aliment quotidien du peuple, signe d'hospitalité même chez les plus humbles. Loin des salons* de thé d'Europe*, les « maisons de thé » en Chine*, les marchands ambulants en Inde*, les *tchaï-khanas* afghanes, ou les petits cafés de Turquie et d'Égypte, témoignent au contraire d'une convivialité populaire, ludique et animée. En dehors des établissements spécialisés, le thé est omniprésent dans les foyers de la moitié du globe, sur les lieux de travail, dans les gares et dans les trains, dans les campements nomades et jusque dans les déserts les plus reculés. En Chine simple thé vert* ou semi-fermenté*, en Inde du Nord puissant Assam* épicé ou au lait, en Égypte Dust de Ceylan* très sucré, le thé d'Orient connaît aussi ses mille et une coutumes forgées par l'histoire des peuples. De la Méditerranée au Pacifique, il réunit les hommes mais n'est jamais le même. Et ce n'est qu'à l'extrême de cet Orient du thé que les Japonais, en hissant sa préparation au rang de cérémonie* hautement codifiée, rompent avec la simplicité sans affectation de la plus conviviale des boissons. AS

PARFUMÉ
Une tradition orientale

L'engouement pour les thés aromatisés* qui, dans les années 1970, saisit surtout les consommateurs français, allemands et suisses, donna lieu à une véritable explosion de parfums les plus divers et parfois, il faut le reconnaître, les plus incongrus. Ces thés, pudiquement qualifiés de « fantaisie », ont de quoi laisser perplexe… Au point qu'on oublie parfois que les thés parfumés procèdent d'une tradition extrême-orientale extrêmement raffinée. Dans ce domaine, il existe aussi de grands classiques qui, dégustés l'après-midi, sont un véritable enchantement. Le sucre* peut exalter ces parfums, mais le lait* est vivement déconseillé.

Le Earl Grey est peut-être le plus connu de tous. Il est associé au nom du second comte *(earl)* Grey (1764-1845), qui fut premier ministre de Grande-Bretagne. C'est au cours d'une mission diplomatique qu'il découvrit une recette de thé chinois, dont il fit profiter une grande firme londonienne. Le Earl Grey fut accueilli en Angleterre, puis dans le monde entier, avec le succès qu'on sait. Parfumé à l'essence de bergamote (extraite du fruit du cédratier, *citrus medica),* il est traditionnellement composé de thés noirs*, de Chine* ou de Darjeeling*, mais on le trouve désormais en thés verts* ou semi-fermentés*.

Le Goût russe*, à la base un mélange* de thés noirs de Chine, n'est pas forcément parfumé. Mais sa version aromatisée aux essences d'agrumes est aussi célèbre que le Earl Grey, dont il est assez proche puisqu'on y trouve souvent de la bergamote, à laquelle s'ajoutent toutefois d'autres agrumes comme la mandarine ou l'orange.

Le thé au jasmin, enfin, est également originaire de Chine. Contrairement aux précédents, ce n'est pas un mélange. On ajoute à du thé vert ou à du Oolong des fleurs fraîchement cueillies jusqu'à ce que celui-ci s'imprègne de leur arôme. Après quoi, qu'on retire les fleurs ou non influe peu sur le parfum ainsi obtenu. Mais pour des raisons esthétiques on laisse souvent les pétales parmi les feuilles de thé. CD

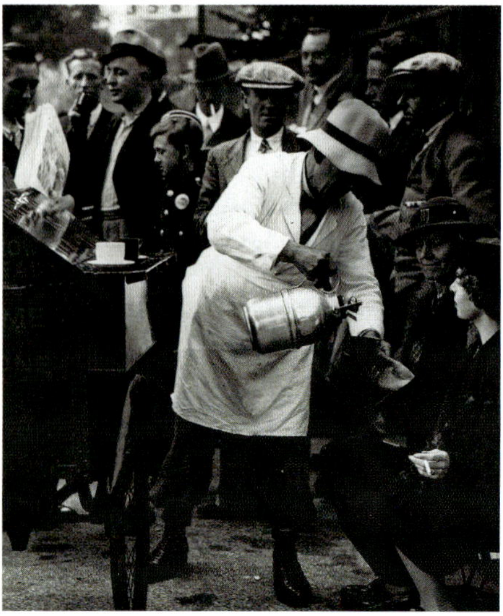

Pénurie

La légende veut que la reine Victoria inaugura son règne, en 1838, par une bonne tasse de thé et la lecture du *Times.* Durant sa minorité, sa gouvernante, la duchesse de Northumberland, l'avait privée de l'un et de l'autre, considérant comme diaboliques ces deux activités. Est-ce portée par ce souvenir de privation que la reine institua les *Tea Moralities*? Assurées par les ligues de charité, elles consistaient à réunir les plus miséreux, les chômeurs, les sans-abri et les prostituées autour d'une réconfortante tasse de thé bien chaud ; et à leur délivrer un sermon sur les méfaits de l'alcool…

« Pour nos soldats, le thé est plus important que les munitions », déclara Churchill en 1942. Durant la Seconde Guerre mondiale, l'approvisionnement en thé de l'orgueilleuse Albion était pour son peuple une question de survie. Les *U-boats* allemands terrorisaient l'Atlantique, et beaucoup de navires marchands sombrèrent avec leurs précieuses cargaisons. De maigres importations de thé parvenaient cependant depuis l'Inde* et Ceylan* jusqu'aux côtes britanniques. Les Anglais durent organiser le rationnement. Les troupes de Montgomery, stationnées en Afrique, possédaient quelques chances supplémentaires de sacrifier au *five o'clock tea* : ils se trouvaient sur le trajet des cargos qui acheminaient le thé jusqu'en Angleterre par la mer Rouge et la Méditerranée.

Au sortir de la guerre, l'apparition de chariots de thé ultramodernes dans les gares anglaises fut l'un des signes avant-coureurs de la reprise économique et d'un regain de bien-être social. SMD

Pionnier

Après la découverte du théier sauvage de l'Assam* en Inde*, par Robert Bruce* en 1823, le gouvernement anglais souhaita que cette région fût colonisée et qu'on y développât la culture du théier. Une campagne de recrutement fut lancée, qui faisait miroiter aux candidats une fortune facile. Les engagements affluèrent. Le voyage des colons vers Calcutta durait six mois. Ensuite un vapeur leur faisait remonter le Brahmapoutre durant presque un mois. La dernière partie du voyage s'effectuait à travers la jungle, à dos d'éléphant. À leur arrivée, les colons furent logés dans des huttes en bambou. Le mobilier était inexistant. Après un long et pénible défrichage, les pionniers sélectionnèrent les plants sauvages de théier et obtinrent l'année suivante une première récolte. Les graines ainsi accumulées permirent à leur tour de constituer des pépinières et d'étendre les exploitations.

Installés dans leurs bungalows, les planteurs vivaient dans la solitude : femmes et enfants étaient restés en Angleterre, et

Éléphants défrichant une plantation, Assam, v. 1880. Londres, British Library.

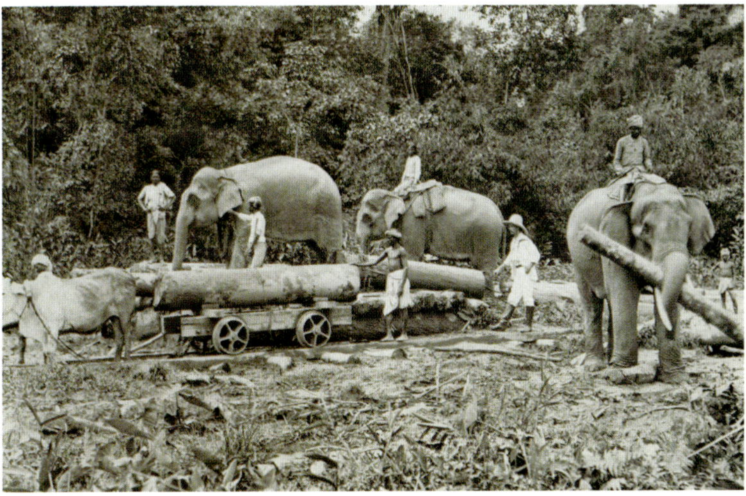

À gauche : Grande Bretagne, vendeur de thé ambulant, 1937.

les plantations, très vastes, étaient situées à de grandes distances les unes des autres. En outre, la malaria, le choléra, la fièvre jaune et les bêtes sauvages constituaient des dangers bien réels.

Au bout de quelques décennies d'efforts, les premières familles se reconstituèrent et une vie sociale prit rapidement forme dans ces contrées désormais moins inhospitalières. Les primitifs bungalows de la fin du XIXe siècle prirent l'aspect d'exotiques demeures patriciennes. La chasse et les réunions au *Club* occupaient désormais les loisirs des planteurs. La Compagnie de l'Assam avait aussi aménagé des routes et organisé un service fluvial régulier. En 1881, une ligne de chemin de fer fut ouverte. La réussite des planteurs doit beaucoup au rude labeur de la main-d'œuvre indigène. Recrutés massivement au Bengale, ils payèrent un lourd tribut en vies humaines. Les misérables conditions d'existence qui étaient les leurs firent souvent comparer les planteurs de l'Assam à leurs homologues esclavagistes d'Amérique du Nord. Longtemps on parla du « thé amer » de l'Assam… SMD

Porcelaine

On buvait du thé depuis déjà plusieurs siècles en Chine lorsque les premiers ustensiles en porcelaine apparurent, sous la dynastie des Tang (618-907). Si le thé avait donc pu se passer de cette invention, sans doute n'aurait-il pu atteindre sans elle un tel degré de raffinement : on

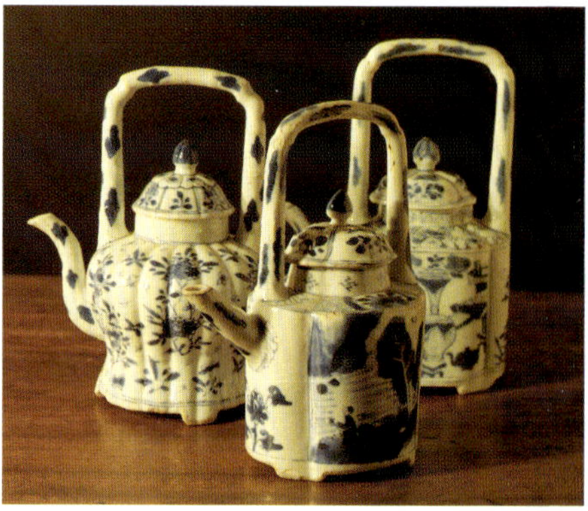

le buvait jusqu'alors, en effet, « à la manière d'un bœuf assoiffé » dans de rustiques grands bols en bois.

Les toutes petites tasses en porcelaine, en revanche, impliquaient non seulement de le déguster avec plus de parcimonie et donc d'attention, mais aussi de veiller à la qualité d'un breuvage que cette matière si

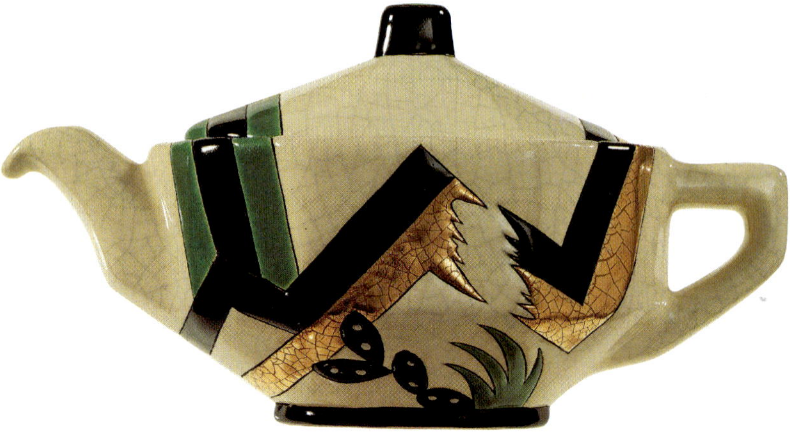

pure exaltait et ne pouvait altérer. C'est entre l'époque des Song (960-1279) et celle des Ming (1368-1644) que la grossière décoction des feuilles en poudre fut remplacée par l'infusion de feuilles entières dans une théière…
En Europe, porcelaine et thé apparurent en même temps, déchargés des mêmes navires au début du XVIIe siècle, et jusqu'à la découverte du secret de fabrication de la première, un siècle plus tard, c'est dans les petites tasses de style Ming – bleues et blanches, et sans anse –, importées de Chine, qu'il était de bon ton de déguster l'infusion doublement exotique*. Les manufactures européennes de porcelaine – telles celle de Meissen en Allemagne ou de Sèvres en France – prirent ensuite le relais. S'inspirant d'abord des modèles chinois, elles créèrent plus tard des services* aux décors parfois somptueux, dans des styles très divers. Pour sa beauté et parce qu'elle respecte toute la richesse de l'infusion (saveur, arôme, couleur) tout en préservant sa chaleur, la porcelaine est considérée par beaucoup comme la matière idéale des tasses à thé. AS

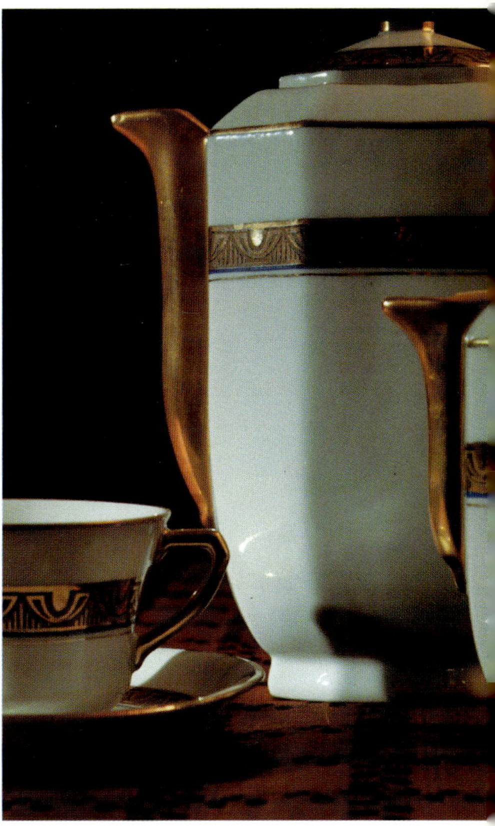

En haut à gauche : théières en porcelaine de Chine, début du XIXe siècle.

Ci-dessus : service à thé style Art déco, porcelaine, v. 1920.

En bas : théières style Art déco, faïence, v. 1930. Paris, musée du Thé Mariage Frères.

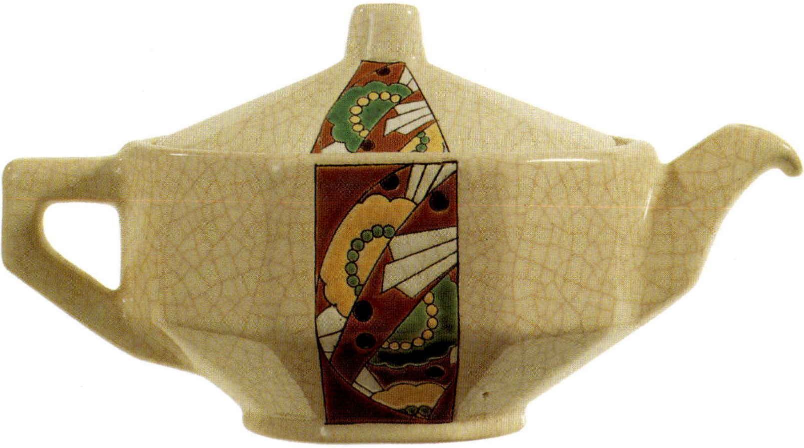

PRÉPARATION
Les gestes qui révèlent le thé

Pour obtenir un bonne infusion, il convient avant tout de disposer d'une bonne eau*, d'une bonne théière*… et naturellement d'un bon thé. Le reste est un jeu d'enfant. Après avoir chauffé l'eau dans une bouilloire, on ébouillante au préalable la théière. Une bonne théière gardant le souvenir du thé qu'elle a infusé, il est préférable d'user d'une théière différente pour chaque type de thé : noir*, vert* ou parfumé*. Une fois la théière chauffée et vidée, on y verse les feuilles. En général, il faut prévoir deux grammes et demi de thé noir ou semi-fermenté* par tasse, soit une petite cuillère bien remplie de feuilles entières ou brisées, et un peu moins pleine pour les broyées ; les thés verts demandent de quatre à cinq grammes par tasse. On laisse les feuilles quelques instants dans la chaleur de la théière, ce premier bain de vapeur aidant à la libération future des arômes. Puis on verse l'eau frémissante, qui en aucun cas ne doit avoir bouilli : l'ébullition « casse » l'eau, et l'eau trop chaude altérerait la qualité des feuilles.

Un thé noir en feuilles entières doit infuser environ cinq minutes, en feuilles brisées trois minutes, en feuilles broyées deux minutes. On laisse infuser le thé vert du Japon* de une à deux minutes, et celui de Chine* de trois à cinq minutes. Sept minutes seront nécessaires à un thé semi-fermenté et sept à dix minutes à un thé blanc*. Une fois ce temps écoulé, il convient de retirer les feuilles : dans cette éventualité, la théière doit être équipée d'un filtre incorporé, ou le thé placé dans un filtre en coton non chloré, surnommé « chaussette » (préférable à la boule à thé en métal où les feuilles ne peuvent se développer correctement). On sert immédiatement après avoir remué. AS

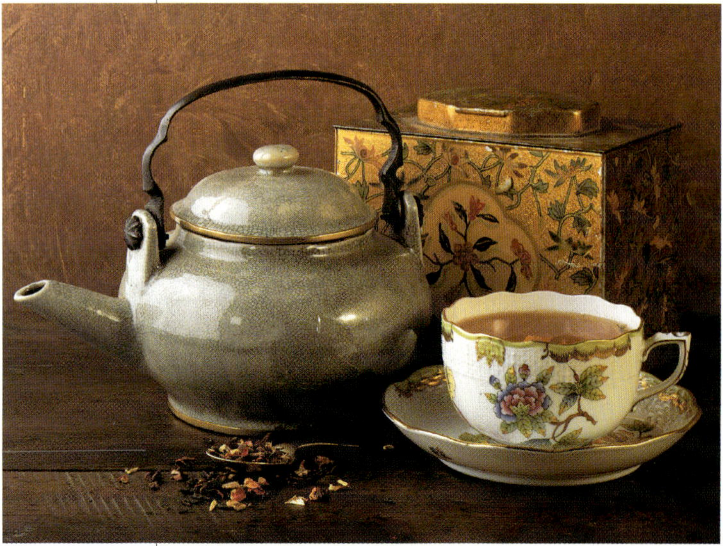

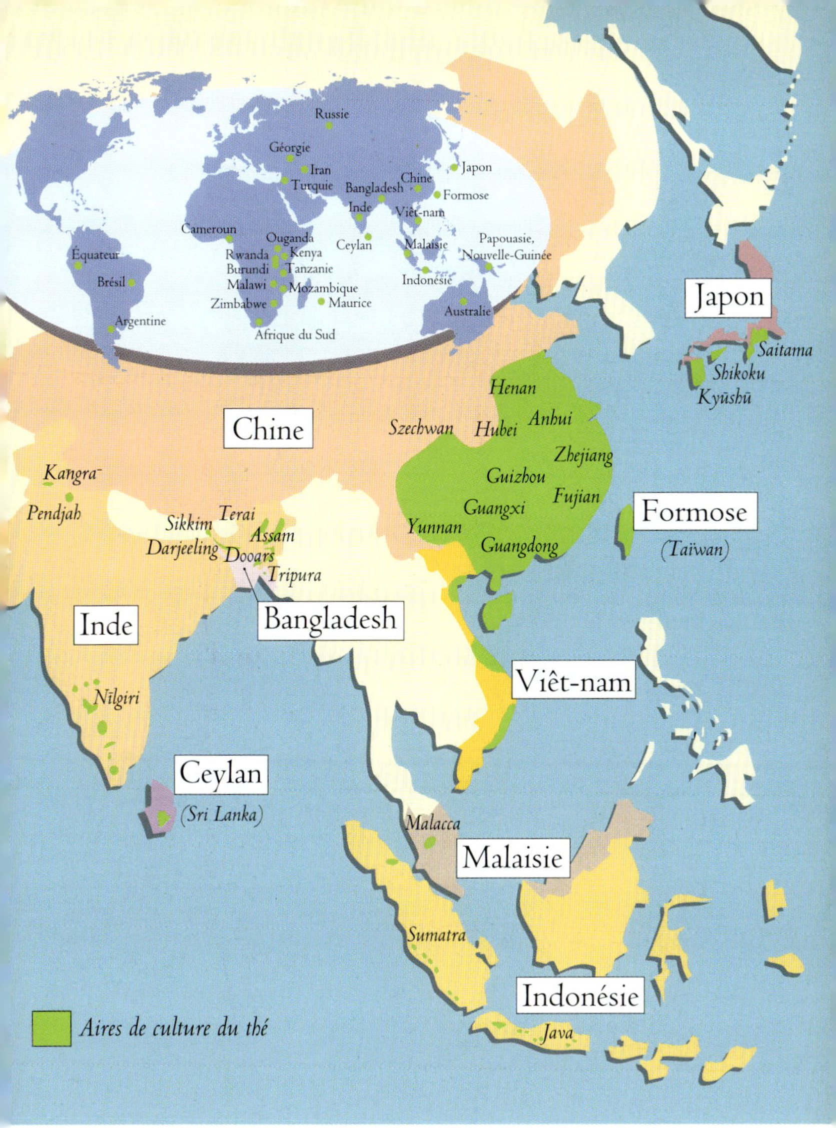

Production

Près de quarante pays produisent deux millions et demi de tonnes de thé annuelles, dont un cinquième sont des thés verts*. Mais seulement trois pays fournissent la moitié des thés mondiaux, noirs* ou verts* : avec environ 750 000 tonnes, l'Inde* est de loin le premier producteur ; elle est suivie par la Chine*, avec environ 600 000 t, et le Sri Lanka (Ceylan*) avec 250 000 t.
Le Kenya*, récemment lancé dans la culture du thé, rejoint ce peloton de tête : avec ses 200 000 t de thé annuelles, il fournit à lui seul les deux tiers des thés africains. Jusqu'au douzième rang des pays producteurs, nous trouvons ensuite la Turquie (134 000 t), l'Indonésie (130 000 t), le Japon (86 000 t), le Bangladesh (52 000 t), l'Iran (45 000 t), l'Argentine (42 000 t), le Viêt-nam* (36 000 t) et le Malawi (35 000 t). La Chine est le premier producteur mondial de thé vert (403 000 t), suivie du Japon (86 000 t), de l'Indonésie (32 000 t) et du Viêt-nam (25 000 t). AS

Double page suivante : Cueilleuses de thé dans la région de Nuwara Eliya, Ceylan.

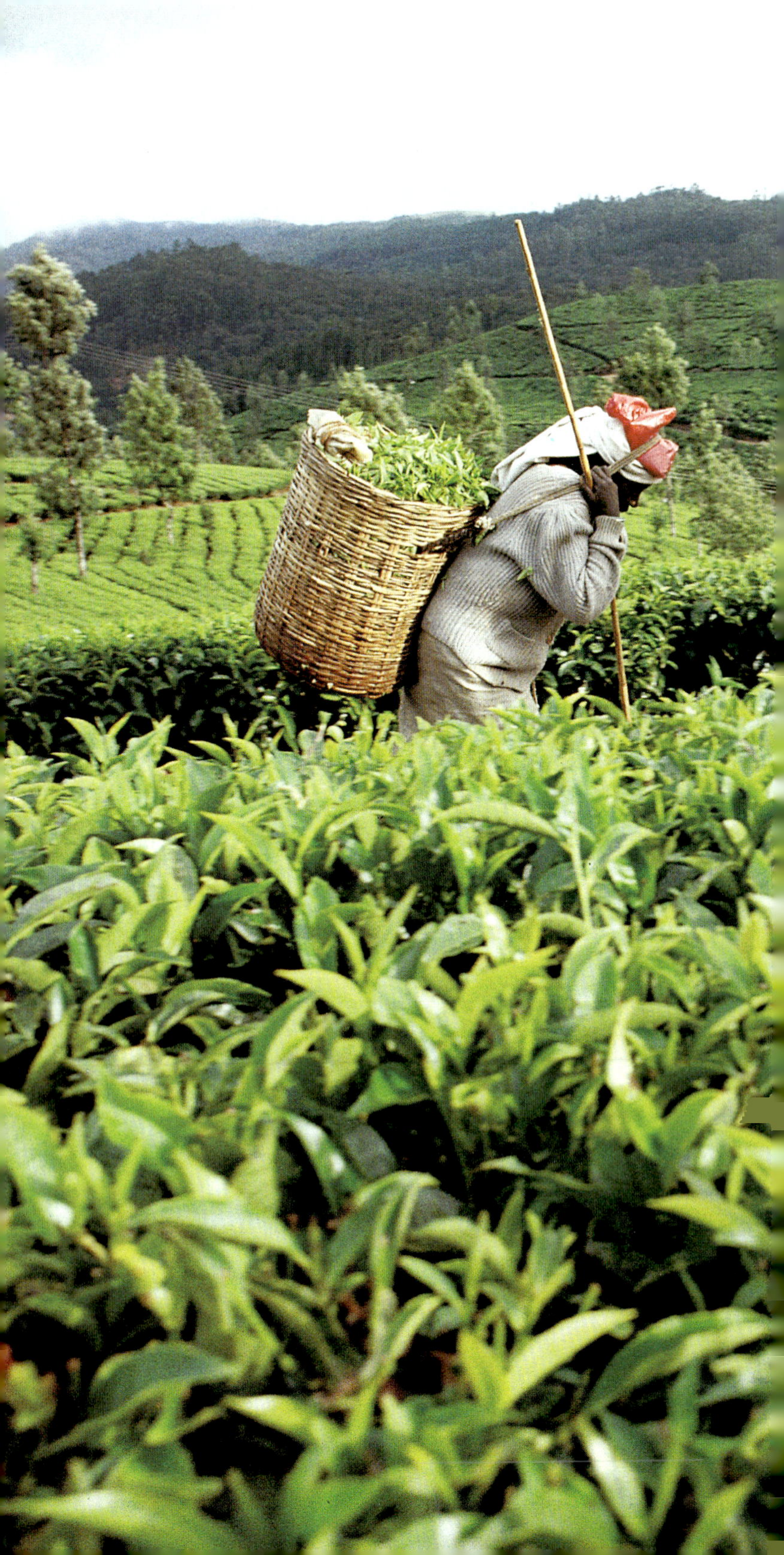

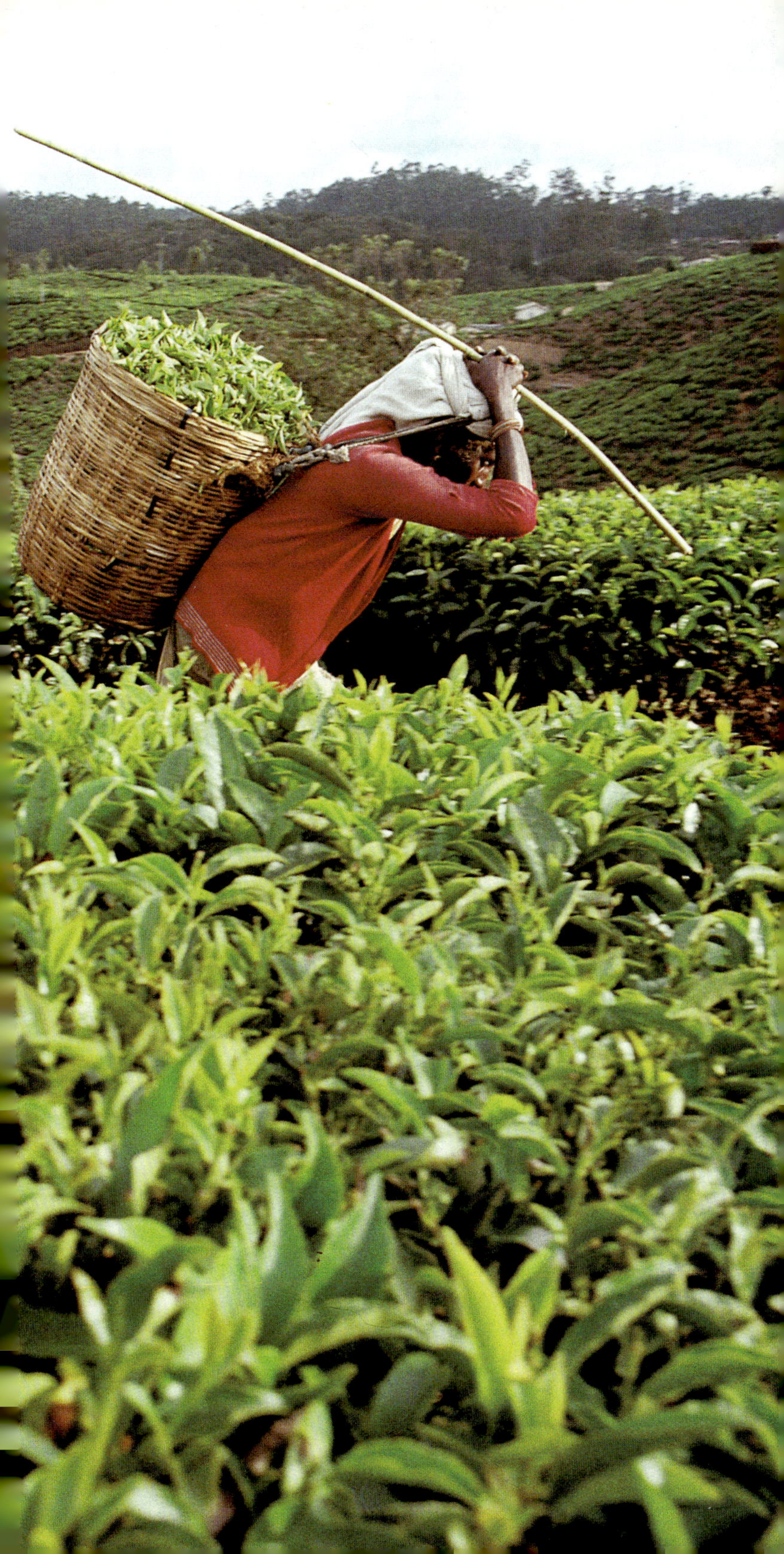

Rituel

En Chine, la boisson nationale a conservé sa valeur de symbole : même modeste, on se doit de l'offrir au visiteur en signe de bienvenue, à l'exemple de Guanyin qui réconforta ainsi son maître Lao Tseu. Les « maisons de thé », institution populaire comparable aux cafés occidentaux, y font une timide réapparition après avoir été interdits lors de la Révolution culturelle.

Les Japonais placent le thé, boisson bouddhique par excellence en Extrême-Orient*, au centre d'une cérémonie* zen*. Au Tibet*, il fait l'objet d'offrandes religieuses, ou de généreuses distributions populaires lors des grandes fêtes.

La passion des Russes pour le thé est elle toute entière exprimée dans le samovar*. Cet ustensile populaire, véritable lieu commun de la convivialité, se retrouve aussi en Iran et en Afghanistan. En Inde, en Afrique du Nord ou en Arabie, le thé, bien que lié aux traditions d'hospitalité, ne suscite pas de rite particulier. Synonyme de détente, on le consomme chez soi, dans les lieux publics ou au travail.

En Europe*, il s'accompagne parfois d'un déploiement de vaisselle de prix, souvenir à la fois de sa valeur aristocratique jusqu'à la fin du XIXe siècle et, quand il s'agit de porcelaine*, de son exotisme* d'antan. Longtemps réservée aux nobles de l'empire du Milieu – comme la soie –, la porcelaine est devenue synonyme de raffinement dans le monde entier : il y a dans cette matière délicate, si parfaitement adéquate à la finesse du breuvage, une conscience très orientale du rapport étroit entre contenant et contenu, que les Occidentaux partagent désormais. Quant au *tea* time* anglais et aux salons* de thé français, qui caractérisèrent si bien au XIXe siècle l'usage du thé, ils s'exportent désormais des deux côtés de la Manche. Est-il passé le temps où Marmeduke Ruggles, dans *L'Extravagant Mr Ruggles*, film de Leo MacCarey, pouvait déclarer crânement : « Le thé est l'affaire des Anglais » ? SMD

Touareg préparant le thé, Sahara algérien.

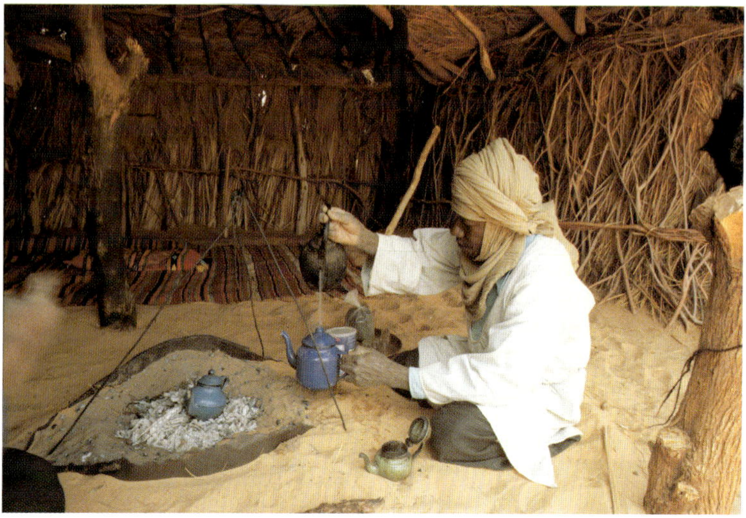

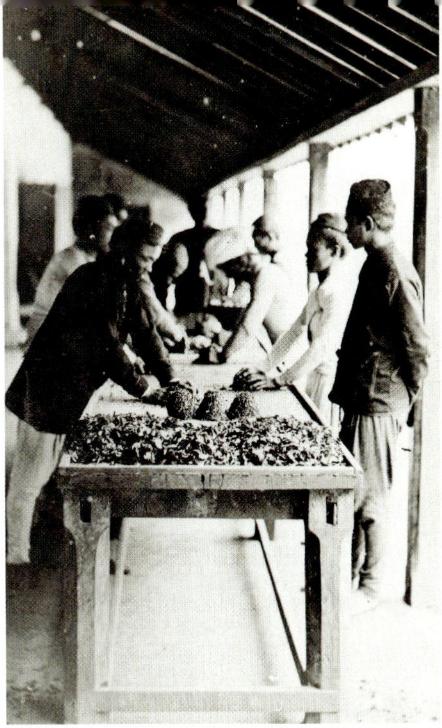

Le roulage des feuilles de thé à la main, Darjeeling. Photographie de Phillips Ellis, fin du XIXe siècle. University of Cambridge.

Roulage

Le roulage des feuilles, seconde étape de la fabrication* traditionnelle du thé après le flétrissage*, a deux fonctions distinctes. L'une, plutôt accessoire, est de donner à la feuille son apparence finale, en la roulant sur elle-même. L'autre, indispensable pour les thés noirs*, est par cette action de briser les cellules des feuilles et de libérer ainsi leurs huiles essentielles : elles déclencheront les réactions chimiques complexes de la fermentation*. Autrefois, le roulage se pratiquait entre les paumes des mains et constituait l'opération la plus longue et la plus fastidieuse. Elle fut considérablement simplifiée grâce à l'inventivité du premier planteur de thé à Ceylan*, James Taylor*, qui mit au point dès 1872 une rouleuse mécanique. Aujourd'hui l'opération, qui dure environ une demi-heure, se pratique partout dans des rouleuses, imposantes machines constituées de deux disques horizontaux en métal, enserrant les feuilles et tournant en sens contraire. Une partie des feuilles seront brisées au cours de l'opération. Les brisures, qui seront séparées au criblage* des feuilles demeurées entières, constitueront des thés de grades différents (voir Classification), Broken, Fannings ou Dust. AS

Russe (Goût)

Longtemps les Russes ne burent que des thés de Chine*, aussi l'on donna en France le nom de « Goûts russes » aux mélanges* de thés noirs* (Keemun, Chingwoo, Szechwan, Lapsang Souchong…) élaborés dans ou pour ce lointain Empire, et qui devinrent à la mode dans le reste de l'Europe* au XIXe siècle. Aujourd'hui le plus célèbre des Goûts russes est un thé parfumé* dont la recette fut élaborée par un expert en mélange *(blender)* français, il y a moins de cinquante ans. Celui-ci s'inspira du célèbre Earl Grey, mélange parfumé à la bergamote, très en vogue depuis le début du siècle : il reprit le principe de la bergamote comme facteur d'aromatisation et y ajouta d'autres agrumes (mandarine, orange…), appliqués à une alliance de thés d'origines différentes. Le tout devait rappeler leur boisson favorite aux adeptes de l'Earl Grey, mais leur proposer un goût légèrement décalé qui sortirait agréablement leurs papilles de la routine.

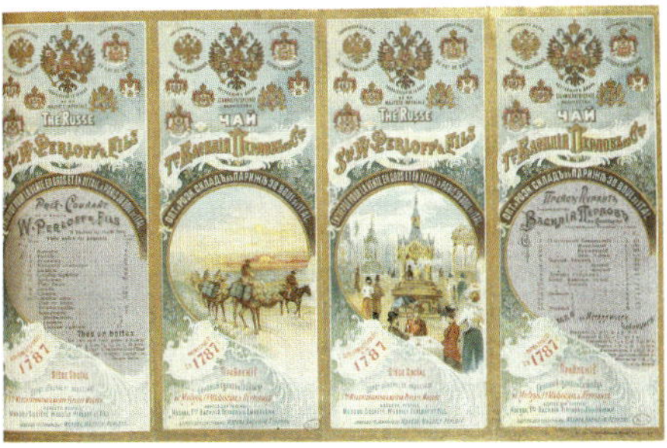

Affichette publicitaire d'une maison de thé russe, XIXe siècle. Paris, bibliothèque des Arts décoratifs.

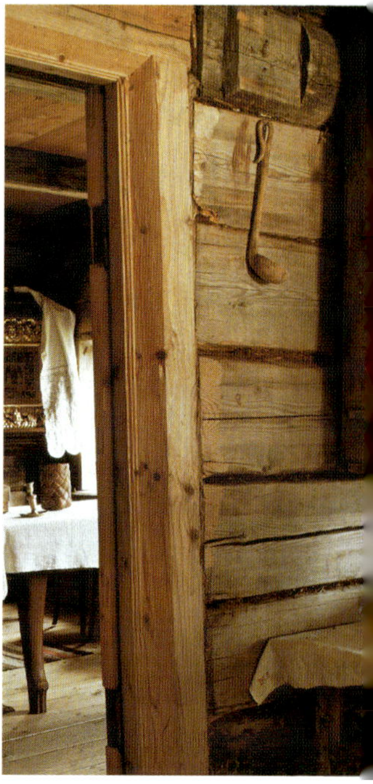

Atteignant son but, le Goût russe parfumé connut dès sa création un beau succès et se déclina bientôt en différentes versions, mêlant des thés plus ou moins forts, au parfum plus ou moins prononcé, parfois complété d'épices. Aujourd'hui toutes les bonnes maisons en comptent à leur catalogue, sous des noms les plus divers mais évoquant toujours la grande Russie… À la fois capiteux et frais, long en bouche, il est particulièrement recommandé pour l'après-midi ou la soirée. AS

Salon de thé

Au début du siècle, parce qu'il n'était pas concevable qu'elles puissent paraître dans un café, il manquait en France, aux femmes de la bonne société, des établissements raffinés pour prendre le thé ailleurs que chez elles. Ainsi naquirent les salons de thé, dont le plus célèbre fut la maison Rumpelmeyer, future Angelina, fondée en 1903 par un pâtissier d'origine autrichienne, Antoine Rumpelmeyer. Si l'idée semblait neuve en France, elle reprenait en réalité le principe déjà ancien des cafés-salons de thé-pâtisseries de Vienne, depuis longtemps également adopté en Italie du Nord. La différence tenait au sexe de la clientèle, en France presque exclusivement féminin. Aujourd'hui encore, les plus traditionnels des salons de thé français – « mouroirs tièdes et calfeutrés où de vieilles toupies distinguées font un ultime tour de piste », selon l'expression joliment cruelle de l'écrivain Roland Jaccard – s'opposent par leur luxe désuet, leurs murmures, leur atmosphère compassée, aux cafés populaires et conviviaux.

Mais le monde du thé se démocratisant et rajeunissant en France depuis les années 1970, de nouveaux types d'établissements, plus accessibles et moins guindés, sont apparus dans les grandes villes. Guéridons à plateaux en marbre ou théières en argent n'y ont plus la cote : on y vient à tout âge, surtout pour découvrir l'extraordinaire variété des thés disponibles en France et s'aventurer dans le monde des arômes les plus originaux ou les plus subtils. AS

Salon de thé, *Marquise de Sévigné*, Paris, 1934.

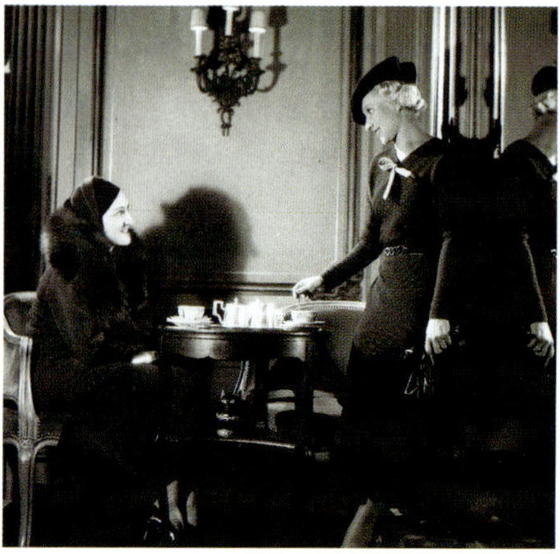

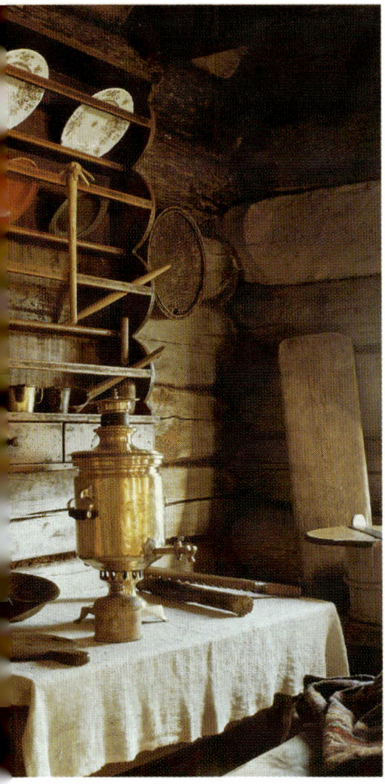

Intérieur d'une maison traditionnelle russe du XIXe siècle, île de Kizhi.

Samovar

En Russie, comme dans de nombreux pays de l'ancien Empire russe, l'heure du thé ne se conçoit pas sans samovar. Cette machine à thé fut probablement inventée au milieu du XVIIIe siècle, mais ne se répandit qu'un siècle plus tard, en même temps que la consommation du thé. Le samovar est un grand récipient muni à sa base d'un foyer à braises, lui-même surmonté d'une cheminée cylindrique traversant le récipient empli d'eau. L'air chaud de la cheminée chauffe et maintient la température de l'eau.

Au-dessus de la cheminée est placée la théière, emplie de thé concentré, le *tscheinik*. Lorsque l'eau du samovar « bruit » (après avoir « chanté » et avant qu'elle ne « gronde »), on la verse par le moyen d'un robinet dans la tasse ou le verre, pour allonger le concentré. Les samovars sont en général en cuivre ou en bronze (et aujourd'hui chauffés à l'électricité), mais la porcelaine, le cristal, l'argent et même l'or furent utilisés. Tous les grands écrivains russes ont évoqué cet ami fidèle de chaque foyer autour duquel la famille se réunit. Les Russes aiment le thé noir* ou vert*, sans lait, et préfèrent parfois laisser fondre un morceau de sucre ou une cuillerée de confiture dans leur bouche au moment de boire, plutôt que de sucrer l'infusion... AS

Santé

L'histoire du thé est intimement liée à la santé de l'homme. Selon la légende*, son « invention » en Chine, peut-être deux ou trois millénaires avant notre ère, serait la conséquence fortuite d'une coutume hygiénique : faire bouillir l'eau avant de la boire. Il semble qu'il ait fallu attendre l'âge d'or de la dynastie des Tang (608-907), au VIIIe siècle, pour que le thé, dont on appréciait jusqu'alors essentiellement les propriétés médicinales, soit aussi considéré comme un nectar pour esthètes et gourmets. Ces propriétés tenaient surtout à ses vertus stimulantes, dont on allait plus tard découvrir l'origine dans la théine*. Au Japon aussi, le thé fut très tôt considéré par les

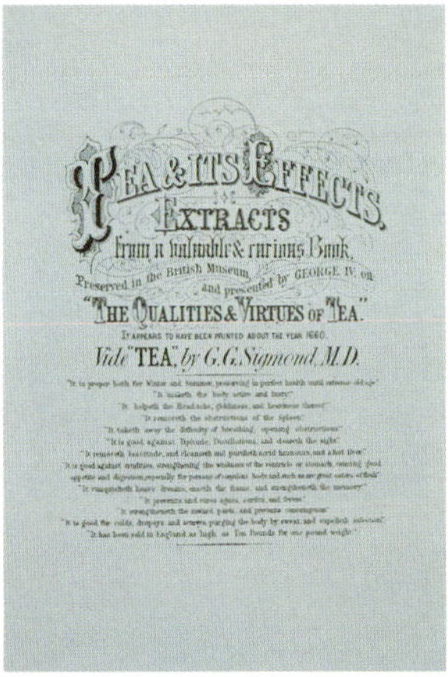

Tea & its Effects
Extracts
from a valuable & curious Book,
Preserved in the British Museum, and presented by George IV. on
"The Qualities & Virtues of Tea."
It appears to have been printed about the year 1660.
Vide "TEA", by G. G. Sigmond, M.D.

moines bouddhistes comme un soutien aux longues méditations, et il avait la réputation de prolonger la vie. C'est encore pour ses effets stimulants, diurétiques et globalement réconfortants, commentés dans de nombreux traités, qu'il fut longtemps apprécié après son arrivée en Europe*. La composition* du thé explique aisément ses bienfaits : outre la stimulante théine, il contient de nombreux minéraux (dont le fluor, efficace pour prévenir la carie dentaire) et vitamines. C'est surtout au Japon que les médecins se sont penchés sur les propriétés du thé vert*. Ils le recommandent aux femmes enceintes pour ses minéraux et ses oligo-éléments, et aux sujets souffrant d'hypertension artérielle ou prédisposés à l'artériosclérose pour une enzyme particulière qu'il contient. L'apport d'un autre de ses composés, la catéchine, ne serait en outre pas négligeable dans le traitement des cancers de l'estomac. AS

SEMI-FERMENTÉ : LE CHARME DES OOLONG

Le thé semi-fermenté – qui n'a subi qu'un début de fermentation – se situe à mi-chemin entre les saveurs du thé noir* et du thé vert* : plus suave que le premier, moins frais et végétal que le second, c'est un thé d'équilibre.
On le reconnaît aisément à l'aspect de ses feuilles, volumineuses, toujours entières et non roulées, dont les qualités plastiques sont, en Chine*, un important critère d'appréciation, au même titre que la couleur ou la saveur de l'infusion. La feuille du thé semi-fermenté prend en effet une infinité de formes extravagantes, inlassablement décrites et commentées par les exégètes chinois. Frisée « comme les fanons d'un bœuf puissant », bouclée « comme la brume qui monte du ravin », elle évoque aussi la posture du dragon des légendes. De là peut-être le nom de Oolong qui est la traduction littérale de « Dragon noir » et qui désigne, en Extrême-Orient, la grande famille des thés semi-fermentés. Ce terme générique réunit plusieurs variétés, elles-mêmes divisées en deux catégories. L'une regroupe des thés baptisés *Chinese Oolong,* qui n'ont subi que 12 à 20 % de fermentation et sont peu exportés. Courants en Chine, où l'on s'en désaltère à tout moment, ces thés ont une saveur boisée et leur infusion est pâle. Les thés de la seconde catégorie proviennent en général de Formose*, d'où leur nom de *Formosa Oolong.* Soumis à une fermentation plus prolongée (60 % environ), ils donnent une liqueur dorée, d'un goût plus « occidental ».

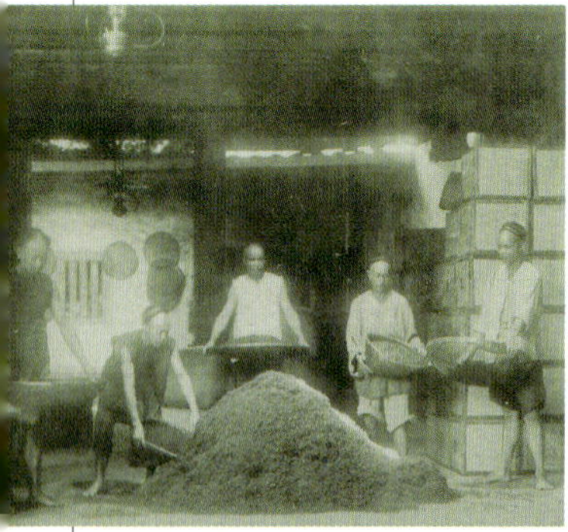

Tamisage du thé, Formose, v. 1900. Paris, archives du musée du Thé Mariage Frères.

Le Oolong le plus consommé par les Chinois et les Taïwanais est le Ti Kuan Yin, « Déesse en fer de la Miséricorde », un classique très boisé, à la liqueur ambrée. Parmi les grands Oolong de Formose, citons le Grand Oolong Fancy très parfumé et agrémenté de pointes blanches, et, pour leur délicatesse, le Tung Ting et le Pouchong (très légèrement fermentés).
Le thé semi-fermenté convient à toutes les heures de la journée et peut accompagner les repas, sauf le petit déjeuner pour lequel il serait trop léger. Faible en théine, c'est avant de s'endormir la boisson idéale ; il peut en outre être additionné de jasmin, de fleurs d'oranger, de pétales de rose ou d'autres fleurs aux vertus apaisantes. CD

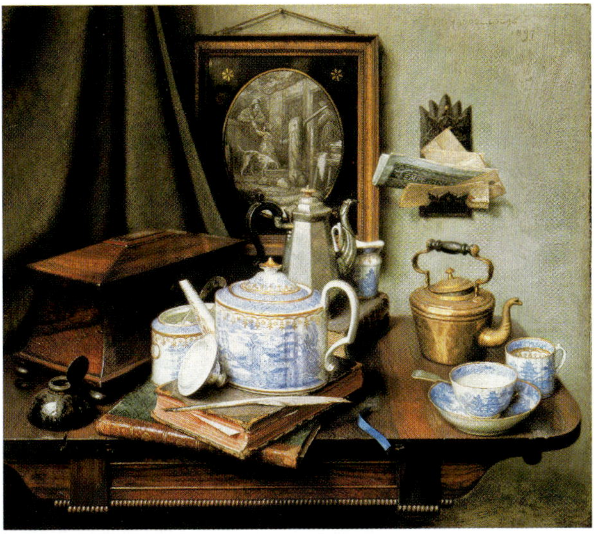

Edward George Handel Lucas (1861-1936), *L'Heure du thé.* Londres, Roy Miles Fine Paintings.

Service à thé

Un service à thé occidental traditionnel comprend une théière*, un sucrier, un pot à lait* (et éventuellement à crème), un pot à eau chaude, des tasses et des soucoupes, le tout étant assorti dans la même porcelaine* ; de tels services n'existaient pas avant le développement des manufactures de porcelaine en Europe*, au XVIIIe siècle.

Dans un sens plus limitatif, on peut parler aussi de service à thé cohérent pour un ensemble ne comprenant que la théière, le sucrier, le pot à lait, et éventuellement une aiguière pour l'eau chaude, à la condition qu'ils soient conçus en une matière autre que la porcelaine (obligatoire pour les tasses), comme l'argent. En Grande-Bretagne, les services en porcelaine comprennent aussi des petites assiettes, pour les mets de l'*afternoon tea.* Mais ces pièces du service *à* thé ne suffisent bien sûr ni au service *du* thé (il faut aussi des cuillères à thé, une pince à sucre, souvent une petite passoire...), ni à la préparation* de l'infusion (il faut encore une boîte à thé et une bouilloire).

Naturellement, de tels services ne sont pas utilisés dans les pays où les traditions du thé sont différentes, au Maghreb (voir thé à la menthe*) par exemple où l'on boit le thé dans des verres, ou pour la cérémonie* du thé au Japon, où l'ensemble des ustensiles comprend, outre une bouilloire, le pot à thé, la longue cuillère à thé, deux différents bols, un petit fouet en bambou, etc. Mais partout dans le monde, à côté de pièces d'usage courant, artisans et orfèvres ont porté la qualité de certains services à un haut degré de raffinement.

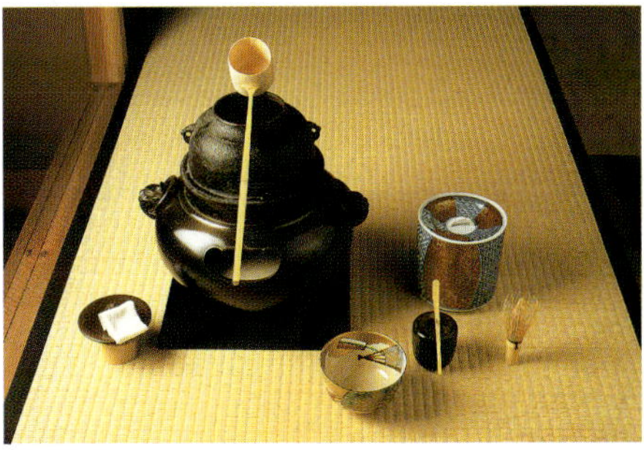

Ustensiles pour la cérémonie du thé, Japon.

Rappelons enfin que ce noble art décoratif des services à thé ne se confond pas avec l'art du thé, puisque la proscription du lait* et du sucre*, pour les trois quarts des variétés, rend de fait certains accessoires bien facultatifs. AS

Soluble

Le thé soluble, ou thé instantané, est utilisé principalement aux États-Unis* pour la préparation du thé glacé*, et c'est à cet usage qu'il doit son essor. Si sa qualité ne cesse de s'améliorer, il est naturellement encore très loin d'approcher celle des bons thés traditionnels. Sa fabrication la plus courante consiste en une infusion concentrée de thé noir*, qui est ensuite déshydratée afin d'obtenir un extrait sec. La déshydratation peut s'opérer de deux manières : soit en pulvérisant l'infusion dans un courant d'air chaud, soit par le procédé de la lyophilisation, méthode sophistiquée de dessiccation par le froid.

Le thé soluble est désormais également fabriqué dans certains pays producteurs, principalement l'Inde* et le Sri Lanka (voir Ceylan). Leurs méthodes, qui emploient des feuilles fraîchement cueillies, donnent des résultats plus satisfaisants : soit l'infusion initiale est faite à partir de feuilles fermentées mais non séchées, soit l'extrait sec est fabriqué à partir d'une liqueur fermentée obtenue après compression des feuilles vertes.

L'industrie du thé soluble négligeant totalement l'apparence des feuilles, et relativement leur qualité, a permis d'intensifier la mécanisation des récoltes. AS

« Slivok (un peu de crème) ?
demanda Marina en servant à son neveu une tasse de thé. [...]
– Oui, tout plein de crème et trois sucres.
– Ada et moi partageons tes goûts extravagants ! Dostoievski le prenait avec du sirop de framboise.
– Pah ! fit Ada. »

Vladimir Nabokov, *Ada ou l'ardeur*, 1969.

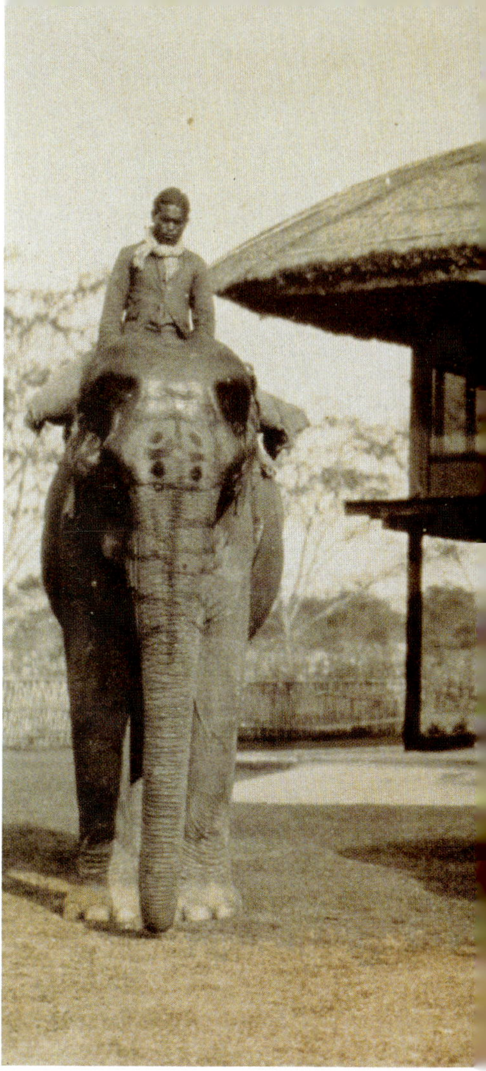

Sucre

Comme celle du lait*, la question du sucre (avec ou sans ?) est délicate. Les puristes se rangent aux côtés de l'écrivain anglais George Orwell : « Ne jamais sucrer le thé, déclara l'auteur de *1984* dans un article. On pourrait aussi bien y ajouter du poivre ou du sel ! Le thé est naturellement amer, comme la bière ; si on le sucre, ce n'est plus lui qu'on déguste mais le sucre qu'on y a mis ; on obtiendrait d'ailleurs un breuvage similaire en faisant fondre du sucre dans de l'eau très chaude. » Il est permis d'apporter quelques nuances de fantai-

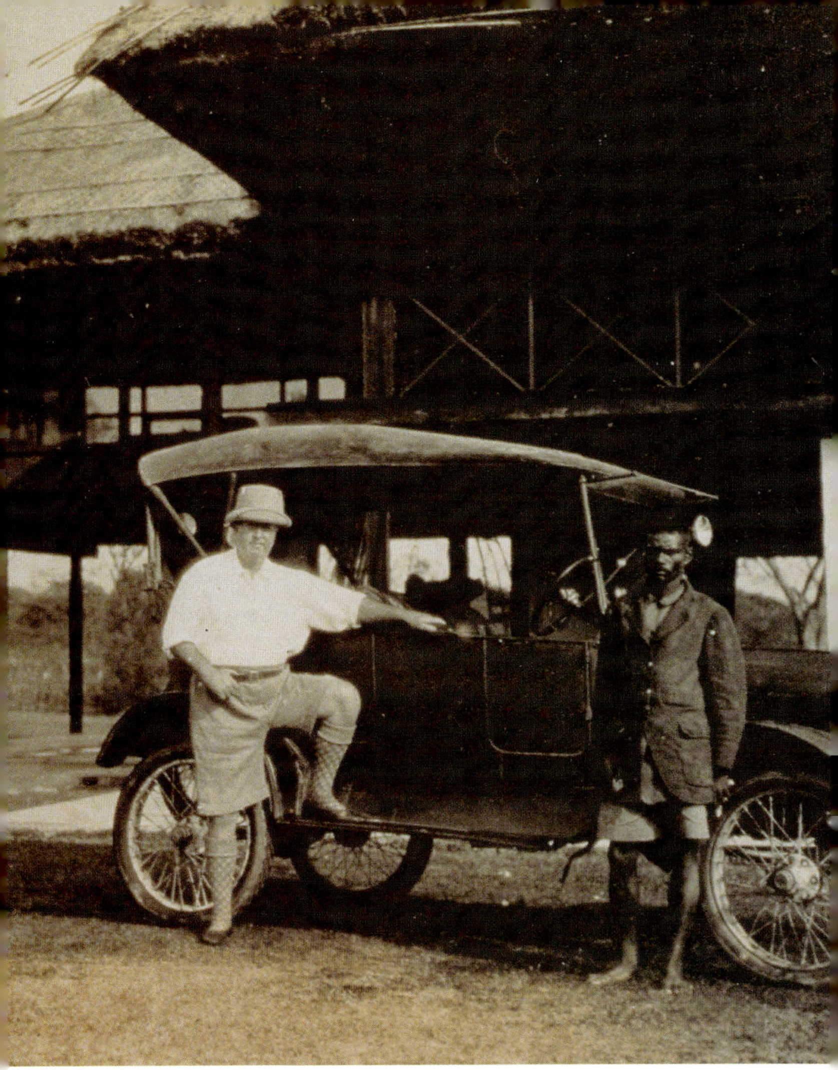

sie à ce discours de simple bon sens : si le désir de douceur se fait irrépressible, un soupçon de sucre candi blanc (le plus neutre) ne déshonorera pas totalement le buveur, ni l'infusion d'un thé noir*, corsé et de qualité moyenne, ni un thé aromatisé*... à la papaye ou la fraise des bois !
En revanche – et cette fois la question ne supporte pas le débat –, cette même pincée serait une infamie dans un thé vert* aux saveurs délicates. À moins qu'il soit parfumé avec de la menthe* fraîche et servi, comme il se doit au Maghreb, dans un verre... AS

Taylor (James)

Tout est admirable dans l'aventure de James Taylor, et triste aussi. Il appartient à cette catégorie de pionniers qui, à force de courage et de passion, surent édifier une fortune... non pas la leur, mais celle des autres.
En 1851, ce jeune Écossais s'engagea pour trois ans comme aide-surveillant dans une plantation de café, à Ceylan*. Il y fit merveille durant cinq ans. Ses employeurs de Mincing Lane (Londres), Harrisson et Leake, décidèrent alors de lui confier le domaine de Loolecondera* où l'on voulait tenter la culture du thé. Vers 1860, Taylor reçut des

Pionnier britannique. Photographie de la fin du XIXe siècle.

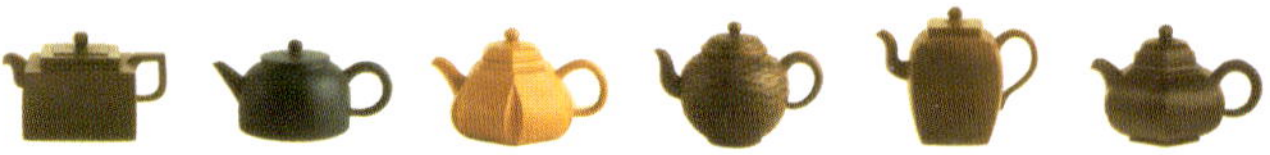

Théières en terre de Yixing, collection *À la Porte chinoise*. Paris, Mariage Frères.

graines de théiers de l'Assam* (Inde*) et installa une fabrique dans une partie de son bungalow personnel : le roulage du thé y était effectué patiemment, à la main. Le résultat de cette production artisanale fut un excellent thé, qui rencontra un vif succès sur le marché local. En 1872, James Taylor inventa une machine à rouler les feuilles. L'année suivante, il pouvait expédier vingt-trois livres de thé à Londres. Bientôt entouré d'une équipe nombreuse et compétente, il profita du déclin subit de la production du café sur l'île, et fut l'instrument principal du nouvel essor économique de Ceylan. Attirées par la promesse de substantiels profits, les grandes compagnies londoniennes y firent d'importants investissements, balayant sur leur passage les petites entreprises. Taylor n'était pas propriétaire de son domaine, et il reçut l'ordre de quitter Loolecondera. Il refusa. On n'osa pas le chasser. Il s'éteignit peu de temps après, en 1892. SMD

Tea time

C'est à partir de 1610 ou 1615 que quelques privilégiés commencèrent à boire épisodiquement du thé en Angleterre. Mais l'essor de l'infusion date des années 1650, lorsque s'ouvrirent les premiers cafés, à Oxford puis à Londres. L'un d'entre eux, le Garraway's, vit en 1657 la première vente publique de thé. Aux antipodes de ces établissements plus ou moins bien famés qu'étaient les premières *coffee houses*, le thé fit à la même époque son entrée à la Cour, grâce au mariage de Charles II avec Catherine de Bragance : l'infante du Portugal apportait avec elle sa passion du thé et y gagna bon nombre de courtisans. Le thé pénétra dès lors tous les milieux, néanmoins largement concurrencé par le café, apparu à la même époque. Au XVIIIe siècle, la création d'établissements spécialisés dans la vente du thé (le premier fut créé par Thomas Twining*), la vogue des jardins londoniens où l'on se promenait et buvait du

Albert Lynch *Femmes prenant le thé*, début du XXe siècle. Lima, Museu de Arte.

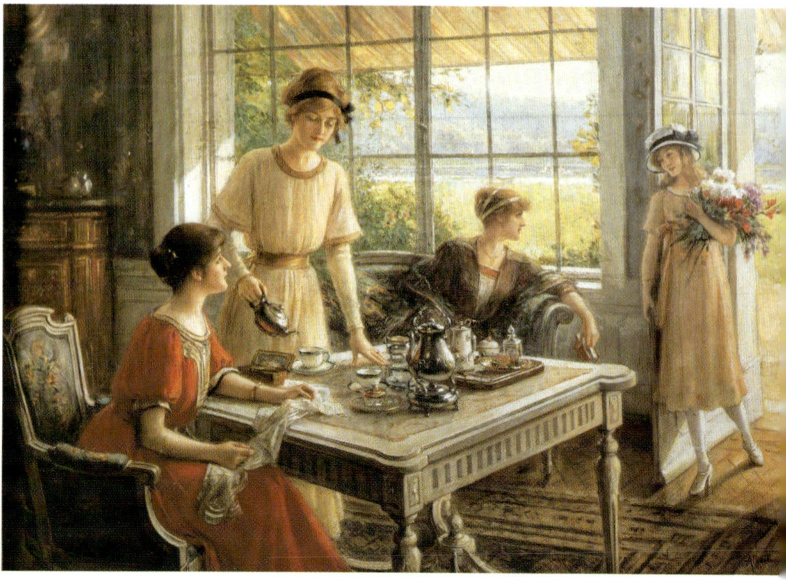

thé (les *tea gardens),* la détaxation massive du produit et la disparition progressive des *coffee houses* permirent en Angleterre le triomphe du thé.
En inventant en 1840 la tradition de l'*afternoon tea* (thé de l'après-midi), la duchesse de Bedford allait cristalliser et codifier la nouvelle passion des Britanniques : d'abord réservée à l'élite, cette petite cérémonie gourmande, comprenant thé, sandwiches, cakes, confitures – le tout servi dans un beau service* en porcelaine* –, fut reprise avec plus de simplicité dans les milieux populaires. Aujourd'hui malmené par les conditions de vie modernes, ce fameux *five o'clock tea* (thé de cinq heures) survit néanmoins, parfois sous des formes minimalistes comme la pause-thé dans les bureaux. Mais l'heure* du thé est aussi celle du réveil, avec l'*early morning tea* qu'on boit dans son lit ; celle du *breakfast,* petit déjeuner inconcevable sans thé noir* ; celle du dîner qu'on appelle *high tea* ; ou encore celle du *after hunting tea,* après la chasse… En dégustant ainsi cinq ou six tasses de thé par jour, les Britanniques demeurent, avec les Irlandais, les plus gros consommateurs de thé au monde. AS

THÉIÈRES : À CHACUNE SON THÉ

En terre cuite ou en porcelaine, pour une ou trente-six tasses, droite ou arrondie, à poignée haute ou latérale, à bec long ou court, à couvercle indépendant ou lié : il existe depuis longtemps une multitude de théières différentes selon le budget, les coutumes et le goût de chacun. Si l'on ne boit pas toujours le même thé, l'idéal est d'en posséder plusieurs, une pour chaque type de thé : parfumé*, noir fumé*, noir* non fumé, semi-fermenté, et vert ; car une théière garde le souvenir du thé qu'elle a infusé.
Une bonne théière, comme une pipe, doit se culotter à l'usage, c'est-à-dire se recouvrir peu à peu à l'intérieur d'une belle croûte brune : de ce point de vue, seules celles en terre cuite (et, dans une moindre mesure, les superbes théières japonaises en fonte) donnent entière satisfaction. Les simples théières en terre cuite sont aussi les moins chères de toutes. Néanmoins celles en terre de Yixing (au sud de Shangai) très réputées, sont des objets de prix, souvent signés par de grands artisans.
Pour préserver le culottage de sa théière, il est bien sûr interdit de la laver avec un détergent : on la rince à l'eau claire, puis on la laisse sécher en la retournant.
Pour des raisons esthétiques, on peut aussi préférer le luxe de l'argent, le raffinement de la porcelaine, la transparence du verre, ou la simplicité de la faïence. En matière de plaisir, la liberté de choix est de mise. AS

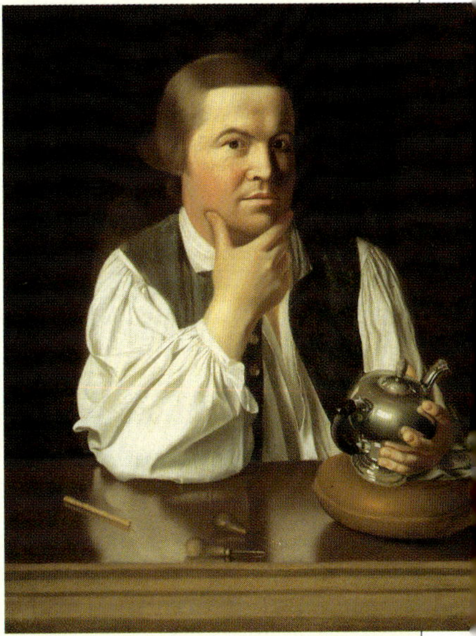

Paul Revere, orfèvre américain qui inventa la « théière patriotique ». Peinture de John Singleton Copley, v. 1780. H/t 89 × 72. Boston, Museum of Fine Arts.

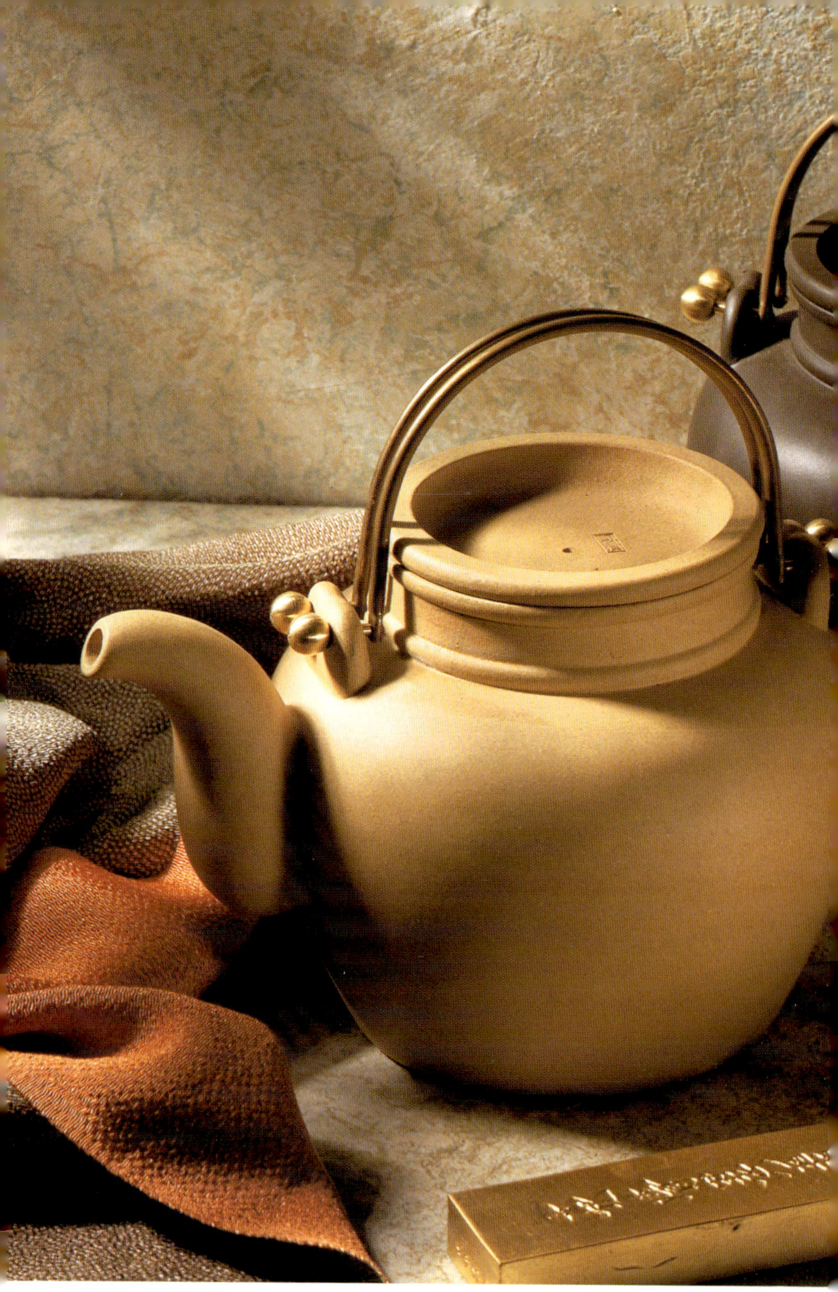

Théine

Entre 2 et 5 % de la part soluble d'une feuille de thé sont composés de théine, le même alcaloïde que l'on retrouve dans le café ou le cola sous le nom de caféine. Mais si une tasse de café en contient en moyenne 130 milligrammes, une tasse de thé n'en compte que 50 milligrammes (comme un grand verre de Coca-Cola). Ses effets stimulants pour le corps et l'esprit ne sont plus à démontrer et n'entraînent quelque désagrément qu'à une dose rarement atteinte, même par un gros consommateur.

Des études ont montré qu'à partir de 250 milligrammes de théine pure, on pouvait noter une accélération du rythme car-

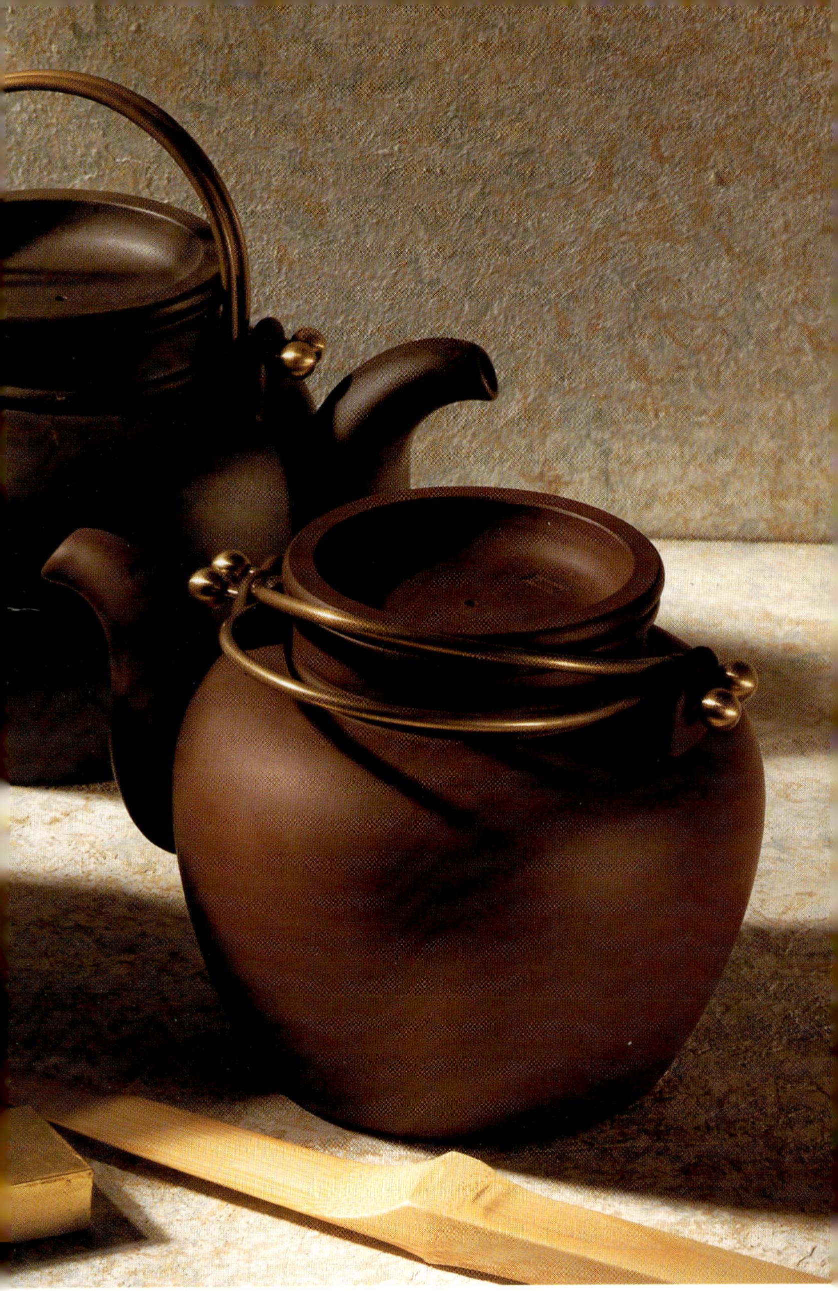

diaque, une augmentation du débit pulmonaire, une augmentation de la diurèse, une irritation du tube digestif.

Pour autant, cinq tasses de thé avalées coup sur coup déclencheront rarement tous ces phénomènes, car l'action de la théine est en partie annihilée par certains tanins contenus dans l'infusion.

Ainsi, il convient de distinguer thé longuement infusé et thé stimulant : en réalité, plus le thé est infusé, plus il est riche en tanins et moins la théine est active.

Les ennemis jurés des stimulants doivent savoir également que les thés de Chine* sont en général moins riches en théine que ceux d'Inde*. AS

Théières chinoises de Yixing, réédition de modèles du XVIIIe siècle. Paris, Mariage Frères.

Tibet

À bien des égards, le thé des Tibétains est unique au monde. Introduit de Chine, peut-être dès le VIIe siècle, longtemps acheminé jusqu'à Lhassa par des caravanes de yacks qui effectuaient un périple de plusieurs mois sur des pistes de haute montagne, il a conservé jusqu'à aujourd'hui ses traditions propres. Celle de la brique de thé compressé, tout d'abord, qui autrefois facilitait son transport et prolongeait sa conservation. Celle de sa préparation, ensuite : le thé vert* en brique est pilé dans un mortier, puis bouilli dans un récipient plein d'eau ; la décoction est versée dans une baratte en bois, où l'on ajoute du sel et du beurre (de préférence de yack) ; le tout est longuement malaxé à l'aide d'un instrument approprié en bois, jusqu'à obtenir une parfaite émulsion. Ce thé gras et salé se déguste le plus souvent accompagné de la *tsampa*, boulette à base de farine d'orge grillée.

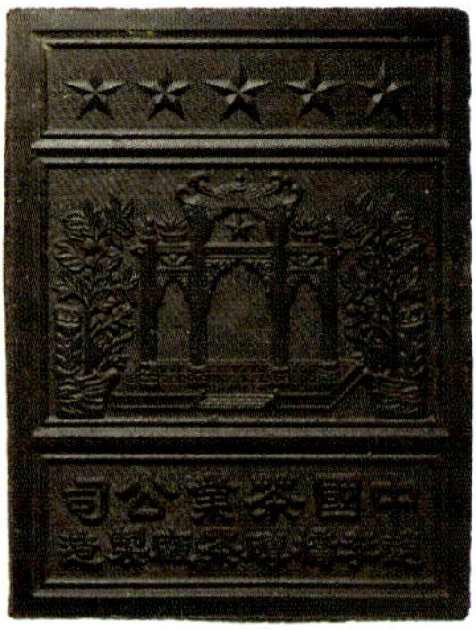

Brique de thé.

La troisième tradition propre au thé tibétain est aujourd'hui sans doute la plus menacée par l'occupation chinoise : il s'agit des cérémonies d'offrandes de thé lors de grandes fêtes, organisées dans les lamaseries grâce à la générosité des donateurs, et qui pouvaient autrefois réunir plusieurs milliers de pèlerins. AS

Traité

Les premiers traités sur le thé proviennent de Chine. Le *Cha King* ou *Classique du thé* (780) est le plus célèbre. Il fut l'œuvre de Lu Yu (VIIIe-IXe siècle), philosophe de l'époque des Tang. Typique de la pensée chinoise, l'ouvrage se réfère à la fois à la philosophie taoïste, à la morale confucéenne et à la métaphysique bouddhiste. Il est beaucoup plus qu'un traité, il est un support de méditation : en découvrant le thé, le lecteur apprend à se découvrir lui-même et le monde qui l'environne.

Le moine japonais Eisai (1141-1215), dans le *Kissa Yôkôjî* ou *Mémoire sur le thé et la conservation de la santé,* préconise lui aussi l'usage du thé comme support de la méditation zen*, et lui prête en outre des vertus thérapeutiques importantes, faisant de cette boisson un véritable élixir de longue vie.

Lorsqu'ils découvrirent le thé au XVIIe siècle, les Européens le considérèrent d'abord comme une sorte de tisane. Les premiers traités occidentaux furent donc à usage médical. Au XVIIIe siècle, le naturaliste suédois Carl von Linné tentait pour la première fois en Europe* d'acclimater le *Camellia* sinensis* : cette gageure permit au théier de figurer dans les *Amoenitates Academicae* d'Uppsala, en 1749. Mais ce ne fut qu'au XIXe siècle, que l'étude du thé s'accompagna d'une réflexion sur la façon convenable de le préparer. Le plaisir était enfin pris en compte. Houssaye publia en 1831 ses *Instructions sur la manière de préparer la boisson du thé,* qu'il augmenta en 1843 d'une *Monographie du thé.* SMD

Traités nouveaux et curieux du café, du thé et du chocolat, Philippe-Sylvestre Dufour, 1685.

Twining (Thomas)
En 1648, Daniel Twining s'en vint à Londres pour y chercher fortune. Il plaça son jeune fils Thomas chez un marchand de thé, Thomas d'Aeth. L'expérience lui profita car, en 1708, Thomas Twining s'établit à son compte sur le Strand, un riche quartier de la capitale réservé aux affaires. La *Tom's Coffee House*, ainsi qu'il baptisa son commerce, prospéra tant et si bien qu'en 1717 il acquit un second établissement, le *Golden Lyon*, destiné uniquement à la vente du thé et du café.
Du temps de Thomas Twining, les *coffee houses* ne manquaient pas à Londres ; on en dénombrait plus de deux cent cinquante dans ce seul quartier. C'est peu de dire que la concurrence était rude. Thomas se fit pourtant une rapide réputation en proposant le premier la dégustation à la tasse. La bonne société masculine londonienne prit bientôt l'habitude de s'y retrouver. Les femmes – qui ne fréquentaient pas les *coffee houses* où l'on vendait également bières et alcools – pouvaient se rendre au *Golden Lyon* pour y déguster leur boisson favorite.
Durant tout le XVIIIe siècle, les descendants de Thomas Twining n'eurent d'autre soucis que de faire prospérer l'affaire familiale. Profitant de l'essor considérable que connaissait le commerce du thé en Europe* et dans les colonies britanniques, la maison Twining devint un véritable empire financier. Suprême consécration, Richard II Twining (1778-1857) obtint en 1837 le brevet de fournisseur attitré de Sa Majesté la reine Victoria, auquel s'ajouta en 1863 celui de fournisseur du prince de Galles. Ses membres s'illustrèrent aussi par une série d'actions philanthropiques : Thomas (1806-1889) se consacra à la création d'un musée des techniques de l'hygiène domestique, ce qui lui valut la Légion d'honneur à l'Exposition Universelle de 1878 ; tandis que sa femme, Elisabeth (1805-1889) concourut à la fondation de l'hôpital St. John. La célèbre maison au Lion d'or vendait son thé (essentiellement du Ceylan*) au poids selon la demande. Ce n'est qu'en 1930, qu'elle adopta la vente en paquet fermé. Aujourd'hui encore c'est un Twining qui dirige l'affaire. SMD

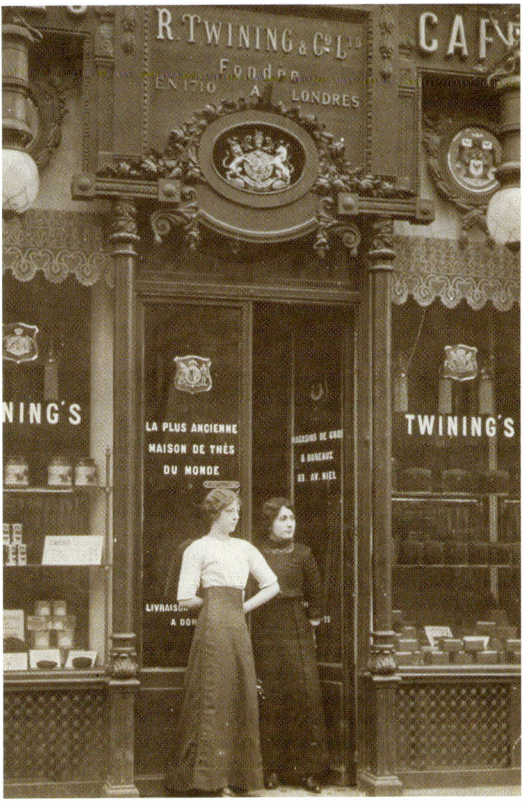

Boutique Twining's à Paris, v. 1900.

VERT
Des thés précieux comme le jade

Les thés verts, dont les feuilles n'ont subi aucune fermentation, sont aux antipodes des thés noirs*. Ils échappent d'ailleurs aux critères de classification* de ces derniers, et aux notions de corps et de force. Tous les thés verts sont diffusés en feuilles entières : plates (tous les Sencha japonais et type Lung Ching chinois), torsadées (type Pi Lo Chun), roulées dans le sens de la longueur (type Chun Mee) ou en boule (type Gunpowder). Seule exception, le Matcha, thé vert pulvérisé du Japon*. En revanche, les thés verts de Chine* ou de Formose* se distinguent très nettement de ceux élaborés selon les méthodes japonaises.

Pour les qualités supérieures, les thés chinois sont généralement proposés en feuilles plates ou torsadées, d'un beau vert-de-gris, très argenté quand il s'agit de grands thés comme le Dong Yang Dong Bai, le Shi Feng ou le Pi Lo Chun. La couleur des infusions est cristalline et varie du vert pâle au jaune pâle, en passant par le vert doré. Sont moins considérées les qualités roulées, le Chun Mee ou le Gunpowder*, qui associé à la menthe* fraîche constitue la boisson favorite des pays du Maghreb.

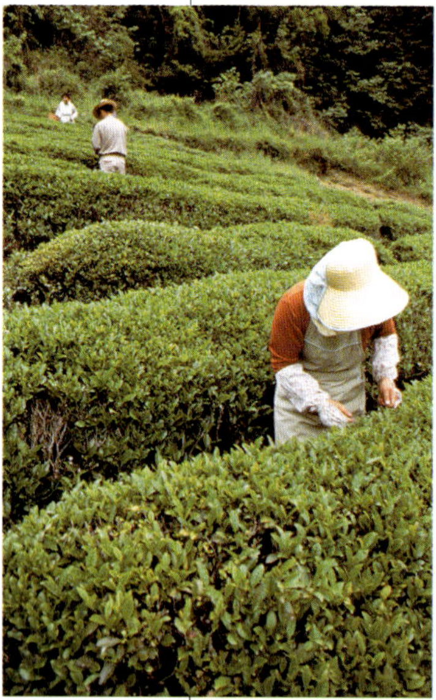

Cueillette du thé dans la région de Gifu, Japon.

Au Japon, où l'on produit exclusivement du thé vert, les infusions, du vert jade au jaune clair, sont plus colorées qu'en Chine, et la teinte des feuilles est plus verdoyante et vive. On ne saurait trop conseiller de s'habituer progressivement à ces infusions très aromatiques, à ces saveurs d'herbes fraîches. Il faut un palais averti pour apprécier le Gyokuro qui est le plus précieux des thés japonais (et aussi le plus cher). Et sans initiation préalable, on ne peut déguster comme il le mérite l'excellent Matcha dont la poudre de jade, vivement battue dans un peu d'eau pure, donne un breuvage onctueux et nourrissant (voir Cérémonie du thé). Il est plus raisonnable, dans un premier temps, de préférer des Sencha moins sophistiqués, ou les Bancha issus de cueillettes* plus tardives.

La qualité d'un thé vert se juge à ses arômes, qui doivent être très développés, et à sa longueur en bouche. On notera parfois une tendance à l'amertume, qui est souvent très prisée. Si l'on préfère éviter cette saveur particulière, il suffit de laver très rapidement les feuilles avant de les infuser. Les thés verts se dégustent sans sucre* ni lait*, à toutes heures du jour pour leurs vertus désaltérantes et digestives. Le soir, en revanche, ils sont déconseillés en raison de leur haute teneur en vitamine C. CD

VIÊT-NAM
Une saveur nostalgique

Surtout en vogue avant la Seconde Guerre mondiale, les thés du Viêt-nam provenaient des massifs montagneux du Tonkin (au nord), de l'Annam (au centre) et des hauts plateaux Moïs. Disparus du marché pendant les années de guerre, ils ont fait une timide réapparition récemment. La production reste faible, d'autant que la priorité reste dans ce pays aux cultures vivrières : les plantations de thé n'occupaient ainsi que environ 53 000 hectares (en 1985) pour une production annuelle qui est passée de 27 000 tonnes, en 1983, à 36 000 tonnes, en 1994. Les thés vietnamiens aujourd'hui exportés en France le sont souvent sous l'appellation « nostalgique » d'Annam : ce sont des thés noirs* (faiblement corsés, pour le petit déjeuner), semi-fermentés* (très légèrement), verts*, ou parfumés*, au jasmin – à la mode chinoise – ou aux pistils de fleurs de lotus, selon la tradition vietnamienne. AS

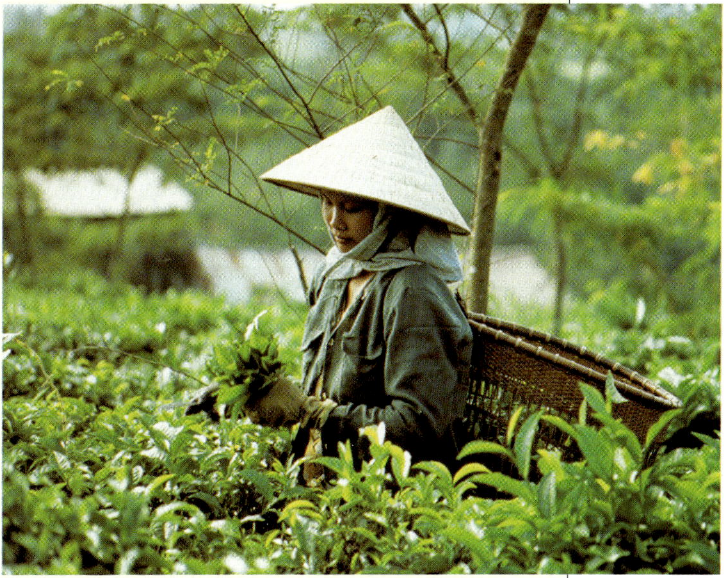

Cueilleuse de thé dans la région de Dalat, Viêt-nam du Sud.

Voyance

La lecture divinatoire dans les feuilles de thé est une pratique millénaire en Extrême-Orient. En Chine et au Japon, le thé accompagne depuis toujours les exercices de méditation (voir Zen). Ainsi, le célèbre *Cha King* ou *Classique du thé* de Lu Yu (VIIIe siècle ap. J.-C.) se réfère-t-il au taoïsme, au confucianisme et au bouddhisme. Après la cérémonie du thé – qui est déjà en soi un acte de méditation –, la configuration des feuilles au fond du bol est censée refléter un certain état du monde à un instant précis : pour décrypter l'oracle, on se réfère à tout un répertoire de formes qui ont valeur de symboles, un peu à la façon des trigrammes et hexa-

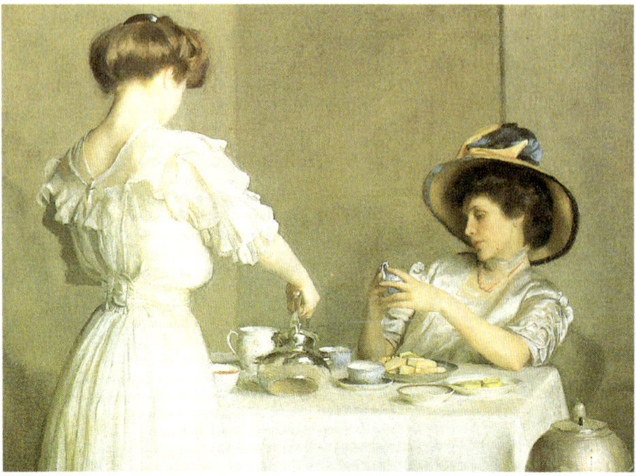

William Paxton, *Tea Leaves*, 1909. New York, Metropolitan Museum of Art.

grammes du *Yi King* ou *Livre des mutations*, manuel divinatoire devenu un des « Six Classiques » de la sagesse chinoise. *The East India Company Book of Tea* (1994) cite un texte du début du siècle racontant comment la voyance dans les feuilles de thé est devenue une distraction mondaine en Occident. L'auteur ajoute, avec un pointe d'humour, qu'en ce qui le concerne, il peut déjà prédire que l'avènement du thé en sachet provoquera la ruine de cette branche si particulière de l'art divinatoire. SMD

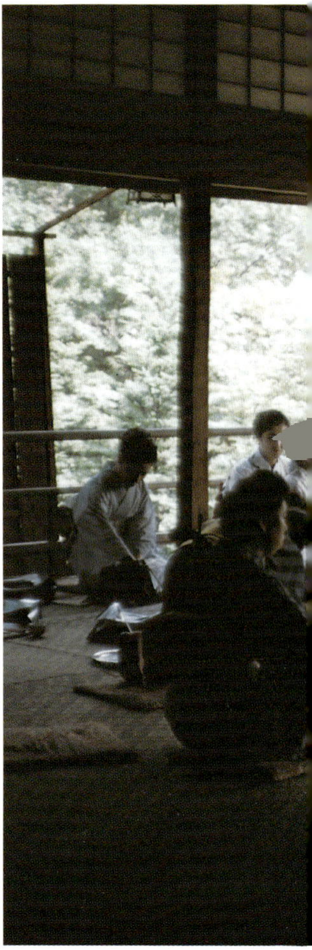

Zen

Le thé fut l'ambassadeur le plus efficace du bouddhisme en Extrême-Orient. La dégustation du thé vert* en poudre (Matcha) a été introduite au Japon au XIIe siècle, par des moines bouddhistes qui avaient fait leurs études dans les monastères chinois de la secte *chan* (zen* en japonais). Le thé soutenait les moines dans leurs exercices de méditation et leur servait de remède.

Cependant, dans le Japon du XIVe siècle, le succès du thé dépassa de loin celui du zen : il accompagnait des repas raffinés, servis dans des cadres luxueux, et donnait lieu à des concours de dégustations sur lesquels les parieurs engageaient des sommes énormes. À la fin du XVe siècle, le grand prêtre zen Murata Shukô (1422-1502) réussit à rendre à la pratique du thé son authenticité spirituelle : préparé avec un nombre réduit d'ustensiles, tous d'origine populaire, il était servi dans une pièce d'apparence modeste. Au XVIe siècle, Takeno Jô-ô (1502-1555) poursuivit dans cette direction en établissant un style de cérémonie* du thé, le *wabi*, en accord avec les préceptes zen. Son disciple Sen Rikyû (1522-1591) écrivit :

« Le thé n'est rien d'autre que ceci :
Faire chauffer de l'eau,
préparer le thé,
Et le boire convenablement.
C'est tout ce qu'il faut savoir. »

Sen Rikyû ordonna la cérémonie du thé autour de quatre principes fondamentaux, qui sont l'harmonie, le respect, la pureté et la sérénité. C'est cette pratique que nous connaissons aujourd'hui sous le nom de « Voie du thé ». SMD

Dégustation du thé lors d'une fête traditionnelle au Japon.

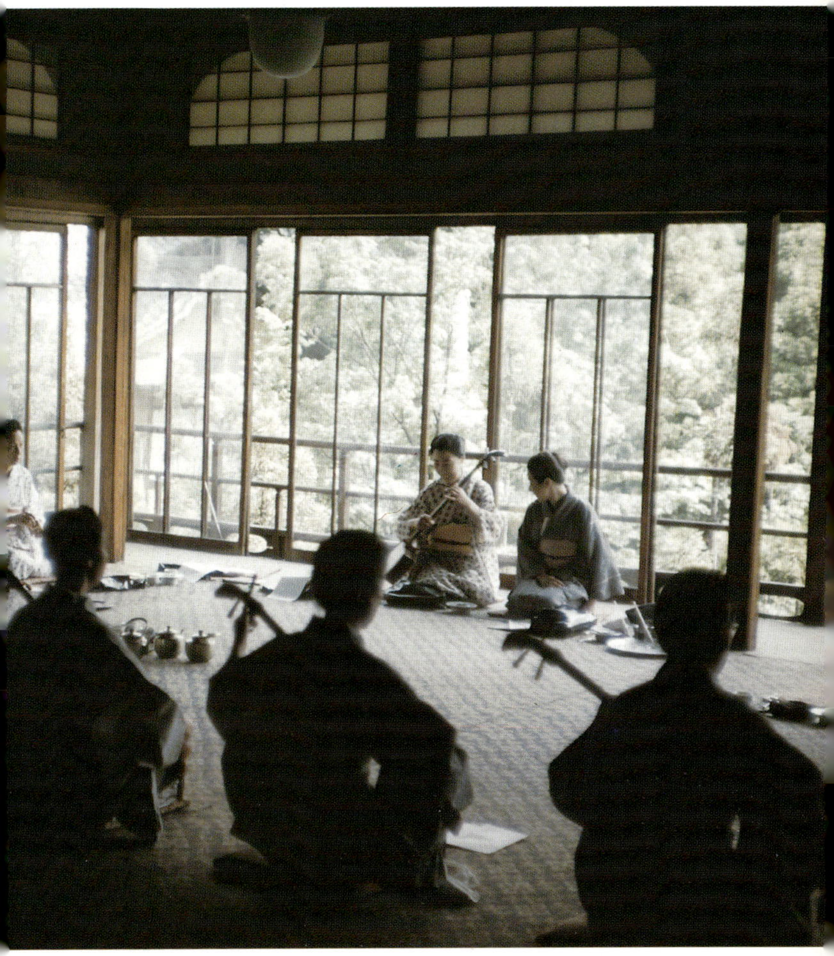

I N D E X

BIBLIOGRAPHIE SÉLECTIVE

J. Runner, *Le Thé*, Paris, 1974.
Sabine Yi, Jacques Jumeau-Lafond, Michel Walsh, *Le Livre de l'amateur de Thé*, Paris, 1983.
John Blofeld, *L'Art chinois du thé*, Paris, 1986.
Sen Soshitsu, *Le Zen et le thé*, Paris, 1987.
M. Schiaffino, *L'Heure du thé*, Paris, 1987.
Paul Butel, *Histoire du thé*, Paris, 1989.
Wou Tche-he, *L'Art du thé*, Paris, 1990.
Françoise de Maulde, *Sir Thomas Lipton*, Paris, 1990.
Michel Finkoff, *Mes Jardins de thé*, Paris, 1990.
Nadine Beauthéac, Gilles Brochard, Catherine Donzel, Alain Stella, *Le Livre du thé*, Paris, 1991.
Robert Fortune, *La Route du thé et des fleurs*, Paris, 1992.
Okakura Kakuzo, *Le Livre du thé*, Paris, 1992.
Mariage Frères, *L'Art français du thé*, Paris, 1996.

PRINCIPALES VARIÉTÉS DE THÉS DANS LE MONDE

Asie

	DESCRIPTION	DÉGUSTATION
CHINE		
• Thés blancs		
Yin Zhen	Les plus beaux bourgeons ressemblent à des aiguilles couvertes de pointes argentées. Infusion cristalline.	Thé de fête.
Pai Mu Tan	La feuille de thé à l'état naturel. Infusion claire.	Convient bien à l'infusion du soir.
• Thés verts		
Dong Yang Dong Bai	Bouquet fleuri, saveur onctueuse. Infusion très claire.	Thé de détente.
Lung Ching	Feuilles plates d'une couleur vert doré, arôme soutenu, saveur douce.	Thé de la journée, de l'après-repas.
Pi Lo Chun	Thé rare, couleur verdoyante, infusion limpide.	Pour les grandes occasions.
Silver Dragon	Feuilles recouvertes d'un duvet vert argenté.	Thé de l'après-midi.
• Thés semi-fermentés		
Fenghuang Dancong	Infusion dorée, saveur suave.	Thé du soir.
Kwai Flower	Feuilles grosses et ouvertes, mélangées avec le pollen des fleurs de laurier de Chine.	Thé de l'après-midi et du soir.
• Thés noirs non fumés		
Keemun	Parfum d'orchidée, infusion rouge et brillante.	Parfaits pour le soir.
Yunnan	Belles feuilles aux pointes dorées, au goût unique, épicé et très parfumé.	Supportent un nuage de lait ; parfaits pour les petits déjeuners sucrés.
Jiangxi Impérial	Très belles feuilles riches, en pointes dorées. Infusion d'un rouge profond.	Thé de l'après-midi.
• Thé noir fumé		
Lapsang Souchong	Modérément fumé au-dessus d'un foyer d'épicéas.	Accompagne agréablement les plats salés ou épicés.
FORMOSE		
• Thés semi-fermentés		
Oolong Impérial	Infusion légèrement ambrée avec un rappel de châtaigne et de miel.	Thé de l'après-midi.
Grand Pouchong	Feuilles de qualité supérieure légèrement fermentées.	Thé de la journée.
Ti Kuan Yin	Thé digestif. Parfum développé, infusion ambrée.	Thé du soir.
Tung Ting	Une infusion rouge orangé. Un goût fleuri et parfumé.	Thé de la journée ou du soir.
• Thé noir fumé		
Tarry Souchong	Goût très fumé.	Parfaits pour les petits déjeuners salés et les brunches.
• Thé vert		
Gunpowder Zhu Cha	Feuilles roulées en petits grains, comme de la « poudre à canon ».	Traditionnellement utilisé pour le thé à la menthe. Très rafraîchissant.
INDE		
• Darjeeling		
Darjeeling « first flush »	Thés jeunes. Feuilles d'une couleur vert brun. Infusion jaune d'or très claire.	Thés pour l'après-midi.
Darjeeling « second flush »	Feuilles de couleur brun foncé. Note de fruit mûr.	Thés d'après-midi.
Darjeeling « in-between »	Équilibre entre la verdeur de la récolte de printemps et la maturité de celle d'été.	Thés vifs pour la journée.
Darjeeling « autumnal »	Grandes feuilles donnant une infusion cuivrée.	Thés pour la matinée.
• Assam		
Assam « first flush »	Infusion légère, liqueur claire.	Thés du petit déjeuner ou de la journée.
Assam « second flush »	Belles feuilles dorées, infusion foncée. Goût malté.	Thés du matin ou de la journée.
• Travancore		
	Thés cultivés dans le sud de l'Inde. Infusion cuivrée, au goût corsé.	Thés du matin pouvant s'accompagner de lait froid.
• Terai		
	Thés de plaine cultivés au sud de Darjeeling. Infusion colorée, goût épicé.	Thés de la matinée, tolèrent un peu de lait froid.
• Dooars		
	Thés très colorés et corsés.	Thés de la journée qui supportent très bien un nuage de lait froid.

JAPON	DESCRIPTION	DÉGUSTATION
• Thés verts		
Genmaicha	Typiquement japonais, thé vert mélangé à du maïs soufflé et du riz grillé.	Thé de l'après-repas.
Gyokuro	Belles feuilles de couleur émeraude. Infusion verdoyante.	À réserver pour les grandes occasions.
Hojicha	Thé vert grillé. Infusion brune et très faible en théine.	Idéal pour accompagner les repas.
Matcha Uji	Poudre de thé vert Gyokuro.	Excellent aussi glacé.
Sencha Honyama	Thé de couleur vert foncé, riche en vitamine C.	Thé pour l'après-midi.
CEYLAN		
• Flowery Orange Pekoe		
Berubeula	Très belles feuilles aux pointes dorées. Couleur dorée.	Superbe thé de la journée.
Allen Valley	Infusion très aromatique.	Grand thé de cinq heures.
• Orange Pekoe		
Nuwara Eliya	" Champagne " des thés de Ceylan.	Excellent pour l'après-midi.
Kenilworth	Récolte de la meilleure saison, longues et belles feuilles, arôme subtil.	Thé de l'après-midi.
Pettiagalla	Très grand jardin au sud de Dimbula. Thé très aromatique au goût fruité.	Thé de cinq heures.
• Flowery Pekoe		
Dyraaba	Infusion à la fois corsée et parfumée.	Thé de la matinée.
Uva Highlands	Belles feuilles roulées des hauts plateaux.	Thé du matin.
• Broken Orange Pekoe		
Aislaby	Thé des hauts plateaux. Infusion cuivrée et aromatique.	Convient au petit déjeuner à la française.
Uva Highlands	Thé des hauts plateaux. Très parfumé et goût rond.	De préférence pour le matin.
• Broken Orange Pekoe Fannings		
Uva Highlands	Feuilles broyées de grande qualité. Aromatique et fort.	Délicieux avec du lait froid. Pour le matin.
Dyraaba	Feuilles broyées d'un jardin fameux. Corsé et parfumé.	Peut remplacer le café du matin ou de l'après-repas.

Asie Mineure

GÉORGIE		
Géorgie, O.P.	Feuilles fines, couleur foncée.	Thé du soir.
Géorgie, B.O.P.	Thé à feuilles brisées, un peu corsé.	Thé du matin qui supporte un nuage de lait froid.
IRAN		
Caucase, O.P.	Infusion rouge, thé léger.	Thé d'après-midi, à boire nature.
TURQUIE		
Rizé, O.P.	De la région de la mer Noire, feuilles fines, goût sucré.	Thé du soir.
Rizé, B.O.P.	Thé du nord de la Turquie. Idéal pour le samovar.	Thé du matin

Amérique du Sud

ARGENTINE		
Misiones, B.O.P.	Thé noir à feuilles brisées, infusion très foncée.	Thé du matin, à déguster avec un peu de lait.
BRÉSIL		
Sao Paulo, B.O.P.	Thé noir. Infusion foncée.	Thé pour le petit-déjeuner.
ÉQUATEUR		
Aproandes, B.O.P.	Thé noir aux feuilles brisées, très aromatique.	Thé pour se réveiller.

Afrique

CAMEROUN		
Mont Cameroun, B.O.P.F.	Thé noir d'altitude, goût malté, aromatique et coloré.	Supporte un nuage de lait.
KENYA		
Marinyn, G.F.O.P.	Le plus fin des thés noirs du Kenya.	Thé de la journée.
MALAWI		
Namingomba, B.O.P.	Thé noir à l'infusion corsée.	Thé du petit déjeuner.

Classiques parfumés

Earl Grey	Thés noirs de Chine ou d'Inde à la bergamote.	Peut être sucré. Thé de l'après-midi.
Thés au jasmin	Thés verts de Chine mêlés à des fleurs de jasmin.	Thés de l'après-midi ou du soir.

TABLE D'INFUSION

Chine et Formose	dose* pour une tasse	température de l'eau	temps d'infusion
Thés blancs	5 g	70° à 85°	15 mn (Yin Zhen) 7 mn (Pai Mu Tan)
Thés verts	5 g	70° à 95°	3 mn
Thés semi-fermentés	2,5 g	95°	7 mn
Thés noirs	2,5 g	95°	5 mn
Japon			
Thés verts	4,5 à 10 g	50° à 95°	1 à 2 mn
Inde			
Darjeeling de printemps	3,5 g	95°	3 mn
Autres thés noirs			
à feuilles entières	2,5 g	95°	5 mn
à feuilles brisées	2,5 g	95°	3 mn
à feuilles broyées	2,5 g	95°	2 mn
Mélanges et thés parfumés			
à base de thés noirs	2,5 g	95°	5 mn
à base de thés semi-fermentés	2,5 g	95°	7 mn
à base de thés verts	5 g	95°	3 mn

* 2,5 g de thé équivalent à peu près à une petite cuillère de thé ; compter environ 20 cl d'eau pour une tasse.

Crédits photographiques : AMSTERDAM, Tropenmuseum 63, 77b ; BOSTON, Museum of Fine Arts 57, 107b ; BOULOGNE-BILLANCOURT, Photothèque des collections Albert Kahn 28 ; HONG-KONG, Museum of Art 55 ; LONDRES, Bridgeman Art Library 30-31b, 42h ; British Library 91 ; British Museum of Natural History 32h ; National Maritime Museum 43, 45 ; Victoria and Albert Museum 12, 33, 34, 44 ; NEW YORK, Metropolitan Museum of Art 114h ; PARIS, archives Flammarion 10, 26, 29h, 30h, 37, 39b, 40, 65b, 66, 68-69, 70, 72, 75b, 79b, 82-83, 88, 92h, 93h, 101b, 103b, 110, 111 ; Bios/Melodia-Panda Photo 50-51 /Denis Huot 81 ; Cosmos/Popper foto 76 ; Jean-Loup Charmet 99b ; Jacana/Guy Laurent 14 /Jacques Brun 38-39h ; Magnum/Harry Gruyaert 41 /Henri Cartier-Bresson 49 /R. Burri 73 /Bruno Barbey 87 /Éric Lessing 100-101h /Marc Riboud 114-115b ; Mariage Frères 13, 54, 64-65h, 89, 102, 106-107h /Jean-Pierre Dieterlen couverture, 4-5, 6, 8, 9, 18, 19, 25, 46-47, 62, 94, 108-109 /Bénédicte Petit 48h, 92-93b ; Roger-Viollet 60, 100b ; Sygma/Jean-Leo Dugast 16-17, 86 ; ROTTERDAM, musée Boymans-Van Beuningen 59 ; VANVES, Explorer 35, 112, 113 /Stéphane Frances 15, 36, 85 /Philippe Bernard 22-23, 96-97 /G. Boutin 32b /Ribieras 52 /D. Maxwell-R. Harding 53 /Jacques Brun 61 /Philippe Lissac 74-75h, 80 /J.-P. Nacivet 78-79h /A. Thomas 98 ; Gamma 104-105h /Francesco Venturi 29b ; Giraudon 106b /Bridgeman 71, 103h ; Lauros-Giraudon 67.

Directeur de la Série Art de vivre : Stéphane MELCHIOR-DURAND
Coordination éditoriale : Béatrice PETIT
Rewriting : Catherine BRAY
Direction artistique : Frédéric CÉLESTIN
Mise en pages : Thierry RENARD
Photogravure, Flashage : Pollina s.a., Luçon
Papier : Tecnogloss 135 g distribué par Fargeas, Paris
Papier de couverture : Carte Gemini 250 g distribuée par Axe Papier, Champigny-sur-Marne
Couverture imprimée par Pollina s.a., Luçon
Achevé d'imprimer et broché en novembre 1998 par Pollina s.a., Luçon

ISBN : 2-08-012480-3
ISSN : 1258-2794
N° d'édition : FA 2480-08
N° d'impression : 76181
Dépôt légal : novembre 1996
Imprimé en France